# LES TRÉSORS CACHÉS

## LIVRES PAR LE MÊME AUTEUR

L'enfance gagnée (Français)

Balance (Anglais)

The Spider's Web (Anglais)

The King and the Widow –
*One Thousand and One Camels* (Anglais)

EMILE TUBIANA

# LES TRÉSORS CACHÉS

**LPI**

*Conception de la couverture:*
*Viviane Tubiana*

**LPI**

Copyright © 2017 Emile Tubiana

Tous droits réservés. Aucune partie de ce livre ne peut être reproduite, traduite, scannée ou distribuée sous quel format que ce soit – imprimé ou électronique – sans permission.

Première édition aux États Unis: Août 2017
ISBN: 0-9914488-1-2
ISBN-13: 978-0-9914488-1-4

LES TRÉSORS CACHÉS

## INTRODUCTION

Après avoir vécu en France et ailleurs, et après avoir voyagé dans des pays lointains avec d'autres langues et civilisations, il y a plus de quarante-cinq ans j'avais découvert le pays qui me semblait le plus proche du mode de vie que j'avais connu lorsque je vivais en Tunisie. Je ne veux pas dire que les États Unis et la Tunisie sont semblables, mais le mode de vie, lorsque les Français occupaient encore ce pays africain était semblable. En ce temps-là, la population était composée d'une multitude d'ethnies. C'était ce mélange de races et de religions qui avait attiré mon attention le premier jour où j'avais mis mes pieds sur le sol américain. C'était ce jour-là que j'avais téléphoné à ma femme qui était en Allemagne et je lui avais annoncé ma découverte :

« J'ai trouvé mon pays et l'air que je respirais quand j'avais quatorze ans. » Ma femme était enthousiasmée par mes nouvelles, car elle savait que je ne me plaisais pas dans tous les pays où j'avais vécu. En tant que fils du peuple juif il n'est pas facile de trouver son petit coin. Je m'étais dit : « Je suis le seul à décider de ma destinée et du mode de vie que je veux choisir. »

Après quarante-six années d'absence de mon pays natal, j'entrepris mon premier voyage de New York vers le continent africain qui devait me rallier à ma ville natale. À mon retour de voyage, j'étais tellement heureux, que la nécessité de communiquer mes impressions s'est fait sentir. Ayant vécu des années en differents pays, ce besoin s'intensifia jusqu'au moment où enfin je pris la plume. J'avais laissé mon cœur conduire librement ma main et exprimer ce que j'avais ressenti objectivement durant ce court voyage en Tunisie. Mon intellect avait du mal à saisir et à communiquer les vibrations délicieuses qui me parvenaient je ne sais d'où et qui traversaient tout mon être. Ces sentiments me saisissaient fort agréablement. Le fait de revoir mon pays après tant d'années me troublait, car la sensation de voir les images du passé qui se superposaient constamment aux images du présent créait une certaine confusion. Avec cet afflux d'images il me semblait saisir les distances qui me séparaient du passé et du présent. Je tenais à garder la spontanéité de mon récit mais comme je n'avais jamais poursuivi des études littéraires françaises depuis l'âge de quatorze ans, je ne pouvais pas tenir compte des coutumes et des règles de la langue française. Il m'était devenu clair que ni la logique, ni la science et ni la politique convenaient à l'état d'âme du moment, encore moins, sachant que les mots « sentiment » ou « vibration » étaient étranges à toutes ces notions. Cette visite m'avait apporté de nouvelles expériences. Je me trouvais soudain propulsé dans un autre monde où les souvenirs et les scènes que je croyais perdus me revenaient à l'esprit. Je me sentais ainsi enrichi et revigoré d'une nouvelle ardeur. Les nouvelles et les anciennes expériences s'entremêlaient de sorte que je sentis le besoin de faire le tri et de me concentrer surtout à tout ce qui est beau et bon. Je tenais particulièrement à communiquer tout ce qui me remplissait de joie et m'enveloppait d'amour. Par exemple, les épisodes de la vie de mes grands-parents, de celle de mes parents et de la population avec laquelle j'avais grandi. En bref tous ces épisodes qui avaient contribué à forger mes propres expériences.

    Le mode de vie que j'ai connu renforçait les valeurs que m'avaient transmises mes aînés. Le paysage, la langue, les coutumes, les airs de musique et la cuisine m'ont permis aussi de saisir la profondeur de ces valeurs. Dans le monde actuel ces souvenirs qui me parviennent de loin alimentent encore mon âme assoiffée de tout ce qui est innocent et pur. Ces douces mémoires m'aident souvent à braver les durs moments qui viennent me surprendre comme des tempêtes en pleine campagne, ces souvenirs m'abritent encore comme le préau de notre jardin d'enfants lors d'une pluie torrentielle.

J'ai interrompu maintes fois le récit du voyage pour exprimer mon opinion sur certains sujets, qui me venaient à l'esprit. Afin de saisir les sentiments du moment et garder le coloris local et original à mon récit, j'ai employé des mots tunisiens lorsque les dialogues se tenaient dans la langue du pays ou lorsque les circonstances me permettaient d'insérer un proverbe ou une expression. Ainsi j'ai essayé de rester fidèle aux conversations et aux paroles tunisiennes. J'ai essayé d'expliquer l'usage des proverbes ou des expressions en les insérant dans le bon contexte.

La poésie sur ma ville natale m'est venue tout naturellement et je l'avais composée avec le simple langage. Je ne peux pas prétendre connaître la langue arabe littéraire, mais plutôt l'arabe tunisien et bédouin, que j'ai hérité de ma ville, de mes parents, de mes grands-parents et de mes arrière-grands-parents, sans sûrement oublier le peuple avec lequel mes ancêtres et moi-même avaient vécu depuis des siècles.

Tout en écrivant j'étais conscient de ma responsabilité d'auteur. J'ai essayé de mon mieux de relater les faits tels qu'ils se présentaient. Si quelqu'un se sentait offensé par une phrase ou un mot, telle n'a pas été mon intention. J'espère que ce modeste récit sera apprécié par l'ancienne et les nouvelles générations.

Le mode de vie paisible et simple des habitants de notre ville était le cachet de nos aînés. Lorsque je me suis mis à écrire, une multitude de pensées s'alignèrent dans ma tête, chacune voulait attirer mon attention et s'emparer de mon récit. Comme je ne pouvais pas les insérer toutes, j'ai décidé de les présenter séparément. Maintenant que j'ai mis de l'ordre entre mon intellect, mes pensées et mon esprit, je pouvais commencer à entreprendre mon récit calmement et sans offenser mon âme.

N.B. Dans la translittération j'ai utilisé l'apostrophe après les voyelles, pour marquer la lettre « Ayen », le « Q » pour la lettre « Qàf », le « Kh » pour la lettre « Khà » et le « Gh » pour la lettre Gheyen.

# LE VOYAGE EN TUNISIE

## PRÉLUDE

Les pensées sur ma ville natale m'accompagnaient toujours. J'avais gardé d'excellents souvenirs de mon enfance. Je conservais jalousement certains sentiments et courants agréables qui me parvenaient, d'une profondeur inconnue. La vie harmonieuse des habitants de ma ville avait contribué amplement à mon éducation et à mon mode de vie. Les collines rocheuses et les plaines vertes qui contournent notre ville sont toujours présentes dans ma mémoire. Ma femme et mes enfants savent beaucoup sur Béja et la Tunisie, par mes récits, par les chansons et les proverbes que je leurs transmets à certaines occasions. Dans ma maison j'ai entretenu une chambre que j'avais aménagée à la façon de chez nous, avec des tapis et des kilims afin de jouir de l'héritage de mes ancêtres et de la culture qui m'a été transmise. Depuis des années la musique tunisienne et arabe fait partie de ma collection de disques et de cassettes auprès d'autres musiques. Plus tard je me suis rendu compte que je n'étais pas le seul à avoir une telle collection.

Il y a vingt-huit ans que ma maman nous a quittés pour l'autre monde, treize années après mon père. Ils étaient les derniers de ma plus étroite famille, qui nous quittaient. C'est à eux, à leurs familles et aux habitants de Béja que je dois une grande partie de mes connaissances du mode de vie judéo-tunisien et de sa culture.

Maman n'avait jamais mis les pieds dans une école. Peu importe, car ce qu'elle m'avait enseigné dépassait de loin tout ce que j'avais appris dans les hautes écoles. Ma maman m'avait appris dès mon jeune âge les chants de Louisa Tounsia, de Habiba Msika, de Saliha, d'El Ofrit, puis le vrai sens de « l'amour » et de « la charité ». Elle me disait toujours :

« Ma Yenfaa Càn El Qalb Ouel Faal. » (Il n'y a que le cœur et les actes qui comptent.) En effet ces deux principes faisaient partie de ma croyance et de mes pensées.

J'ai été aussi gratifié d'un père, qui a su me transmettre beaucoup de leçons à travers toutes les histoires qu'il nous racontait et les proverbes qu'il employait. Il me disait souvent :

« LaKram Ta'ati Eteber Ouela Ghla, L'Armaz Charba Ma Mel Guerba Tkidha. » (Les généreux offrent les pierres précieuses quelle que soit leur valeur et les mesquins n'offrent même pas une goutte d'eau de leurs outres.) Ce n'est qu'aujourd'hui que je découvre le sens de ces sagesses voilées. Aussi il me disait :

« Eli Ya'mel el Kher Ma Y Chaour. » (Celui qui veut faire du bien ne demande pas conseil.) Je commence à peine à discerner et à saisir le vrai sens de ces paroles.

Après tant d'années loin de ma ville, j'aurais sans doute perdu la langue judéo-tunisienne et nos traditions, si ce n'était pour mes parents qui les ont conservées. En plus, je n'étais pas le seul à avoir gardé ces mœurs et ces traditions. Je suis toujours content de rencontrer des gens de mon pays. Le vendredi, le couscous avec viande et boulettes est resté le plat traditionnel et solennel de ma maison. J'ai maintenu ainsi la coutume de mes parents. Les plats tunisiens font toujours partie de notre cuisine. Pour n'en citer que quelques-uns : l'Hlalem, Lemhamssa le Nikitous, de la Kouara (pieds de veau), de la Harguemin, de la Gnaouya, Maghmouma, La Pkeila, Tajine el Fad et des dixaines d'autres plats. Sans omettre les dixaines de salades comme Slata Mechouya, Slata Jida, Lemzaoura, Slata Khal, etc. Il me prend parfois l'envie de manger une simple A'ssida (semoule cuite à l'eau). Combien de fois je me contentais de manger du pain et des olives ou alors du pain, de l'harissa et de l'huile d'olive. Voici ce que cela veut dire pour moi, un héritage, c'est de pouvoir être heureux avec peu. Une simple chanson ou une mélodie peut me rendre joyeux comme un enfant. Y a-t-il une joie plus belle que celle d'un enfant ?

« La joie ne doit jamais nous quitter, si nous voulons que la vie nous sourie », disait papa.

« Ezha Le Donya – Edonya Tezhalek » (Souris à la vie et la vie te sourira), nous disait maman. Et j'ajoute :

« Nous serions à l'aise, si nous ne nous souciions pas du lendemain. Laissez le destin faire son travail car tout est en nous. »

Il faut être gai et s'entourer de joie. Ne nous soucions pas du futur il sera toujours autrement que nous le pensons. Evidemment, il faut faire de son mieux dans toutes les circonstances, que ce soit dans le travail ou à la maison. Il n'est certes pas toujours possible de se tenir dans le même état d'âme, mais il faut essayer d'être son propre guide. Mon père me disait un jour :

« Lorsque les choses ne vont pas comme on l'aurait désiré, il faut s'offrir ou offrir à quelqu'un d'autre quelque chose qui fait plaisir. » Il ne faut jamais laisser la tristesse ou le souci nous dominer. Ce n'est pas seulement aux autres que l'on fait plaisir, mais c'est surtout à nous-mêmes, car en agissant ainsi nous ouvrons les sources de la joie et du bonheur pour nous et pour les autres.

## LE VOL VERS L'ESPAGNE

En décembre j'avais planifié mon voyage pour le mois suivant de sorte qu'il coïnciderait avec mon anniversaire. Au mois de janvier je pris enfin le vol de New York à Madrid pour couper le voyage en deux trajets, en espérant me reposer un jour avant mon vol de Madrid vers Tunis. Je tenais à arriver en bonne forme la veille de mon anniversaire. L'avion qui me prenait à Madrid était presque vide. Malgré les places disponibles, je n'arrivais pas à m'endormir. Que pouvais-je faire d'autre dans un tuyau suspendu ? J'avais lu jusqu'ici la moitié d'un livre. L'envie me pris de me lever juste pour remuer mes jambes. J'aperçus un homme dans la soixantaine, avec qui l'hôtesse avait l'air de s'entretenir avec beaucoup d'attention. Tout d'abord je crus qu'il était malade, puis l'hôtesse se tourna vers moi en me disant qu'il avait peur de l'avion. Alors je me dirigeai vers lui. Il avait l'air enchanté que quelqu'un l'approchât. Il était agréable et sincère, puis il me dit :

« Moi, je n'aime pas l'avion » et il continua :

« Ma femme veut que l'on passe les vacances à Palma de Majorque et je ne voulais pas la laisser partir seule. » J'essayai de le rassurer en lui disant :

« Mais Monsieur, vous n'avez pas raison de craindre l'avion ; il faudrait plutôt avoir peur des voitures car selon les statistiques il y a plus d'accidents de voiture que d'avion. » À quoi il répondit :

« Je ne roule pas en voiture, je reste à ma ferme avec mes petits-enfants. » Je répondis avec un sourire :

« Donc vous êtes grand-père ? » Il avait l'air d'être plus à l'aise et me répondit :

« C'est encore une raison de plus, pourquoi je n'aime pas l'avion, car je ne voudrais pas mourir dans un accident d'avion. » À quoi je lui répondis :

« Nous ne pouvons rien faire, nous sommes à la merci du pilote et du bon fonctionnement de la mécanique et de l'électronique de cet avion, donc pourquoi s'inquiéter à l'avance ? » À cela il réagit spontanément :

« Si je meurs, je ne verrai plus mes petits-enfants jouer et en plus, je ne verrai plus le soleil. » Au moment-même je n'avais pas saisi l'envergure de cette déclaration et je continuais à le calmer. Une année plus tard j'avais réalisé ce qu'il voulait dire par : « Je ne verrai plus le soleil ». En effet, aujourd'hui je lui donne raison, qu'il serait ridicule d'accepter volontairement à ne plus voir le soleil. C'est grâce à nos yeux que l'être en nous peut apercevoir tout ce que ce monde nous offre et si les yeux s'éteignaient, tout disparaîtrait. Même si nous devions développer par la suite un autre moyen de perception, ce ne serait plus le même. Cette expérience physique est unique et nous devons en profiter au maximum.

L'avion était un Boeing 767 tout nouveau. Durant le vol, j'ai eu l'occasion de m'entretenir avec le pilote qui devait avoir une cinquantaine d'années et d'après lui, il comptait de nombreuses années de vol. Il admirait et flattait ce nouvel avion.

« C'est l'avion le plus facile à piloter », me disait-il. Il m'avait fait tant d'éloges sur cet appareil que je lui demandai à voir la cabine de pilotage. Bien que je ne comprenne rien aux avions et aux appareillages, je l'écoutais poliment. L'explication du pilote me paraissait logique mais je l'écoutais sans m'arrêter aux détails. Il me disait que cet avion était plus rapide que le jumbo jet. Cet avion, d'après les dires du pilote, possédait tout ce qu'il y avait de plus moderne en technologie et paraît-il qu'il était plus rentable. En effet nous avions mis à peine six heures de New York à Madrid. Il aurait pu me raconter tout ce qu'il voulait, pour moi c'était vraiment le meilleur avion, car il me transportait et m'approchait de ma ville natale.

Le lendemain vers neuf heures du matin le Boeing atterrit à l'aéroport de Madrid. Un ami m'attendait pour me conduire à l'hôtel. J'avais d'abord déposé mes valises et ensuite nous nous sommes assis dans le coin café de l'hôtel. Nous avons bavardé tout en dégustant notre café, ensuite il me conduisit vers l'ascenseur en me disant :

« Au revoir et à plus tard. » À peine entré dans ma chambre, fatigué du voyage, je me jetai sur le lit et en quelques minutes je m'étais endormi. Le lendemain je fus réveillé par le bruit soudain du téléphone. « Avoir dormi jusqu'au matin, c'était un bon signe », me disais-je. Mais comme je tenais à être en bonne forme, j'avais passé la journée du jeudi à flâner dans ma chambre et sans même sortir de l'hôtel. Ainsi j'avais évité d'avoir le malaise du décalage horaire.

## L'ARRIVÉE À TUNIS

Le vendredi je pris l'avion pour Tunis. Le vol s'annonçait bien. C'était pour la première que je voyais des hôtesses tunisiennes, je les trouvais très aimables et charmantes et elles me mirent aussitôt à l'aise. Les voyageurs parlaient tunisien. Depuis bien longtemps je n'avais pas entendu parler cette langue en public et encore moins en avion. J'avais gardé la langue arabe grâce à ma maman et à la musique. La plupart de mes amis d'expression arabe que j'avais connus durant les années étaient d'Egypte, de l'Iraq, du Liban, de la Syrie, du Maroc et de l'Arabie Saoudite et rares étaient ceux de la Tunisie.

L'avion était un Airbus 320. C'était la première fois que je prenais cet avion. Celui-ci avait causé en son temps des controverses aux États Unis. Il était beaucoup plus petit que l'avion avec lequel j'étais venu de New York. J'avais bien saisi pourquoi cet airbus ne pouvait pas alors faire la traversée de l'Atlantique.

Les passagers étaient très bruyants. J'entendais pour la première fois résonner des noms que depuis bien longtemps je n'avais plus entendu, comme : Salah, Moustafa, Ottman, Taoufik, Nour Edine, Chedli etc. Je me sentais dans un monde différent mais qui ne m'était pas inconnu, au contraire il me rapprochait de mon enfance. Je n'osais pas aborder les passagers ou les hôtesses, je me conduisais comme à mon premier jour au jardin d'enfants, là aussi, je n'osais pas approcher les autres enfants ou la maîtresse.

En attendant, les hôtesses de Tunisair me voyant silencieux et tout seul dans la rangée croyaient que je craignais le vol. Pour me réconforter, une des hôtesses me demanda si je désirais boire. J'étais plongé dans mes pensées à faire la comparaison et l'analyse technique des avions, et des arguments du pilote américain. Je ne m'étais pas rendu compte que l'avion était en l'air depuis déjà un moment, car je n'avais pas entendu le bruit des moteurs. L'avion me paraissait suspendu dans le néant tellement il avançait lentement. Dehors il faisait sombre. J'essayais de voir à travers les hublots, mais je ne voyais rien. Après que nous eûmes dîné, je parlai tunisien ; pas de réaction de la part des hôtesses. Je conclus qu'elles me comprenaient. Jusqu'ici j'avais parlé le tunisien rien qu'avec mes parents. Je ne savais pas si la langue tunisienne avait changé depuis que j'avais quitté la Tunisie. Certains amis tunisiens me disaient que la jeunesse était complètement différente de celle que j'avais connue. Ma première rencontre avec les hôtesses me donnait l'impression que la langue était restée inchangée. Les hôtesses comprenaient bien ce que je leur disais. J'étais toujours plongé en moi-même, je n'avais pas réalisé combien le trajet était court et rapide. J'entendais pour la première fois le pilote annoncer les villes que nous allions survoler. Il me semblait entendre aussi le nom de Béja. Ce nom je ne l'avais jamais entendu en avion. Je me réjouissais de cette annonce. Le bruit des moteurs à réaction que je n'avais pas entendu jusqu'à présent me semblait soudain être fort. Il laissait un sifflement qui m'assourdissait. L'hôtesse se pencha vers moi en me disant :

« Nous survolons l'Algérie. » Je n'avais pas d'autre choix que de la croire. Une chose est certaine, il me semblait que notre avion était accroché dans les cieux et qu'il avançait lentement. Je lançais à nouveau un regard à travers le hublot ; je ne voyais rien, tellement l'obscurité était dense. Je m'efforçai encore une fois de voir par les hublots, cette fois-ci j'eus l'impression que nous venions de sortir d'une couche de nuages. Plus tard j'entrevoyais au loin quelques lumières. « Ça doit être un village ! » me disais-je. Je ne savais pas exactement où nous étions. Je me contentais de bavarder silencieusement avec ces lumières. Chacune d'elle est une famille, un monde et moi, comme un seigneur, je disais à l'une, puis à l'autre : « Nous sommes des êtres humains qui partageons ensemble l'air de cette terre. » Je ne voyais aucune frontière, ils n'y avaient rien que la distance et la vitesse qui nous séparaient. Je me laissais ainsi bercer par mon dialogue imaginaire avec des êtres que je n'avais jamais vus mais, qui me signalaient leur présence par cette lampe lumineuse.

Les souvenirs d'enfance se mêlaient dans ma tête : je revoyais le voyage en train de Béja à Duvivier. C'était en 1943 pendant la guerre, lorsque nous avions été évacués vers l'Algérie pour quelques jours. Les Allemands étaient aux portes de notre ville. Béja était en flammes et en fumée par les explosions des obus d'artillerie et les bombes de l'aviation allemande. Pour repousser ces tristes et malheureuses pensées et comme j'avais soif, je levai le doigt comme à l'école, cette fois-ci pour demander une boisson. Je ne voulais pas laisser ces souvenirs affreux de la guerre s'emparer de ce doux moment. Après m'être désaltéré, et pour effacer de ma mémoire ces scènes de théâtre d'opérations, j'imaginais les beaux champs verts et les collines ondulées qui entouraient notre paisible cité. Nous traversions la frontière et nous nous trouvions au-dessus des montagnes. Pendant la guerre ces montagnes nous abritaient des bombes et des obus allemands. En ce temps-là nous vivions dans une grotte, pas loin de Gardimaou, après avoir été refoulés d'Algérie pour cause de typhus, une maladie contagieuse. Les pics de ces montagnes me paraissaient si hauts et si aigus. Les avions allemands n'osaient pas arriver jusque-là. Je n'avais jamais rêvé de les survoler un jour. Je regrettais qu'il fasse nuit. Soudain du fond de cette obscurité quelques lumières me paraissaient surgir à nouveau, pour ensuite disparaître comme un éclair, puis, je fus interrompu par une voix qui parvenait des haut-parleurs :

« Attachez vos ceintures, nous venons de passer la frontière algéro-tunisienne et nous commencerons bientôt notre descente vers Tunis-Carthage. » Les lumières que je voyais auparavant avaient disparu dans le néant. Je ne pouvais pas saisir le mouvement de l'avion. Nous volions dans ce grand océan d'air vide et froid. Moi, plongé dans mon silence, je ne voyais rien bouger, notre avion était bercé comme s'il essayait de se frayer un chemin, puis le son d'une ancienne musique chatouilla mes oreilles. Ces airs de musique me paraissaient familiers. Je les connaissais de par les va-et-vient au magasin de mon père qui était dans la rue Kheredine, qui coupait le souk. Des fois, en sortant de l'école enfantine, je flânais dans les ruelles du cartier arabe qui menaient chez papa, en passant par la place Abd-el-Kader, avec ses cafés en plein air. Les airs de musique jouaient alors à longueur de journée. Les magasins collés l'un à l'autre se distinguaient par la couleur de leurs portes et par la diversité de leurs produits et de leurs étalages. Cette même musique emplissait mes oreilles tout le long du chemin et me plongeait dans des rêveries douces qui me faisaient oublier le temps. Quand j'étais plus âgé, cette musique m'emportait dans un nouveau monde et je m'oubliais de sorte que j'arrivais tard à l'école. Ces airs de musique me parvenaient à travers de gros haut-parleurs accrochés parfois à un poteau et parfois aux grilles des fenêtres d'un des magasins ou d'un café. La musique venait d'un tourne-disque ou de la radio et jouait tellement fort qu'on avait l'impression qu'elle envahissait l'air. Un sentiment doux saisissait mon cœur. Il me semblait que le temps s'était arrêté là. En effet c'était une vieille musique. Les morceaux étaient choisis par une femme de ma génération, me disait l'hôtesse. C'est bien cette ancienne musique qui me ramenait à mon enfance. L'ambiance qui se dégageait de ses sons me donnait des frémissements agréables. Cette atmosphère était à la base de la culture locale. Elle réveille en moi les sens les plus sublimes. C'est à travers des chansons de geste que plusieurs histoires de nos ancêtres nous sont parvenues. Ces chansons de geste jouent un grand rôle dans l'éducation et dans la communication de certains faits historiques. J'aime bien écouter, de temps à autre, la musique tunisienne. Ces chansons, maman et mes grands-mères nous les chantaient. C'est dans ce genre de chansons qu'elles nous transmettaient certains faits, qu'elles-mêmes avaient vécus ou que leurs parents leur avaient transmis. Ces faits échappaient parfois aux historiens et même aux autorités d'alors. Hélas, je n'arrive pas à me rappeler toutes les chansons de geste que maman me chantait.

  Les moteurs ronronnaient continuellement, le temps avait perdu son sens, j'avais presque oublié que je me trouvais encore en avion. Je me penchai encore une fois vers le hublot qui était à ma gauche, pour voir les lumières de Tunis. Je n'avais jamais vu jusque-là Tunis d'une vue aérienne réelle. L'avion volait bas, je voyais des lumières de-ci, de-là, elles devaient être celles des alentours, je n'arrivais pas à identifier notre position. « Peu importe », me disais-je, « l'essentiel d'arriver à Tunis, plus tard je retrouverai la direction de l'atterrissage ». En effet le trajet était très court, surtout pour moi, qui venais des États Unis, où les distances sont assez grandes.

« Nous allons atterrir dans quelques instants à l'aéroport de Tunis-Carthage ! » disait une voix qui nous parvenait des haut-parleurs. J'allais voir pour la première fois l'aéroport de Tunis. J'étais saisi d'émotion, d'enthousiasme et de joie. Nous atterrissions dans la fraîcheur du mois de janvier.

« L'atterrissage était excellent ! » disaient les passagers assis derrière mon fauteuil et puis les applaudissements étaient si puissants que je n'avais pas saisi moi-même le moment où l'avion avait touché le sol. L'avion roula encore un peu jusqu'à atteindre la passerelle télescopique. Les voyageurs se pressaient pour emprunter la porte toute grande ouverte qui mène à la passerelle.

J'avais pris lentement mes affaires que j'avais dans le porte-bagages et je commençais d'un pas nonchalant à marcher vers la sortie qui débouchait dans une salle assez grande pour accueillir tous les passagers de l'avion. Les hôtesses et les voyageurs me laissaient une première et nouvelle impression de la Tunisie que j'allais bientôt découvrir. En voyant les passagers je me rendais compte que les continents se rapprochaient, mais dans le fond je me rendais aussi compte que la cadence de la vie était plus ou moins pareille. Ceux qui arrivaient et ceux qui partaient créaient le rythme de la vie.

Quand j'étais jeune, je n'avais pas eu l'occasion de connaître l'aéroport. En ce temps-là rares étaient ceux qui pouvaient se permettre de prendre l'avion. L'aéroport m'était connu sous le nom de « Laaouina », mais c'était tout. Je jetais mon regard fouilleur vers toutes les directions comme un enfant qui voyage pour la première fois. L'aéroport était différent des autres que j'avais connus. Son architecture et son style étaient un mélange d'influences occidentale et orientale. J'étais calme, ému et absorbé par les pensées de ce qui allait m'attendre. À travers les vitres qui séparaient notre salle je pouvais entrevoir des femmes et des hommes qui attendaient patiemment le départ de leur avion. Une femme paraissait essuyer ses yeux pleins de larmes. « Elle devait certainement quitter les siens ou son amour », me disais-je. Nous devions encore passer par la police des frontières, puis par les douaniers.

Je continuais à observer les passants qui allaient en direction inverse. Parfois c'était des ouvriers de l'aéroport et parfois des hôtesses. J'étais à mon aise, je fis la queue comme tous les autres, certains passagers m'observaient comme s'ils me connaissaient, d'autres me regardaient d'un air doux et aimable, j'attendais patiemment mon tour. Les personnes qui étaient debout comme moi ne pouvaient pas savoir d'où je venais, ni combien ce voyage m'était cher. En réalité, je venais au rendez-vous avec mon enfance. Après quelques minutes d'attente mon tour arriva. Je tendis mon passeport à l'agent de frontière. Il le prit en main, le regarda, puis avec un visage curieux, il dit :

« Américain ? » Je ne pensais pas qu'il avait déjà eu l'occasion de voir un passeport américain avec l'inscription : « né à Béja ». Il me regarda et d'un air étonné il me dit :

« Vous êtes américain de Béja ? » Il regarda encore une fois mon passeport et ajouta :

« Vous connaissez Béja ? » croyant peut-être qu'il ne voyait pas clair et répéta encore une fois :

« Américain de Béja ? » Je ne répondais pas, je voulais voir sa réaction. Croyant que je ne comprenais pas le français, il continua :

« Il y a aussi Béja en Amérique ? » Puis il s'adressa à un collègue pour lui demander de me traduire ce qu'il me demandait, alors, je le surpris en lui disant :

« Oui il y a même plusieurs Béja dans le continent américain. » Le policier était tellement troublé, que j'ai cru qu'il était nécessaire de l'aider et avec mon accent béjaois je lui dis en arabe :

« Ou Càn Habit ! » ce qui veut dire « Certainement » et je continuai :

« Vous pensez bien, Ana Oueld Bàjà Hor » ce qui veut dire : « Je suis un pur Béjaois ». À ces mots il fit un sourire et me dit :

« Vous êtes donc un Béjaois de chez nous ? » Là, je répondis aussi en tunisien :

« Baji Ou Noss. » (Je suis Béjaois et demi.) Le policier quitta spontanément sa cabine et avec un sourire, il me tendit la main et me dit :

« Je suis aussi Béjaois. » Honnêtement, je n'avais pas reconnu son accent béjaois, mais quelle importance ? Les personnes qui attendaient derrière moi ayant saisi la situation changèrent aussitôt de file. Ainsi nous avons pu bavarder librement.

« C'est un Américain. » disait un passager.

« Non ! C'est un de chez nous ! » répliqua l'autre, « je l'ai entendu dire des mots en arabe ». Puis, petit à petit le flot des voyageurs se dissipa et je me trouvais seul avec ce policier que je n'avais jamais connu. Nous avons bavardé un bon moment.

Mon hôte, Salem, m'attendait dans la salle extérieure. Comme il ne me voyait pas sortir, il commença à s'inquiéter. En effet j'étais parmi les derniers à sortir. Salem n'avait aucune idée de cette rencontre avec le policier. Lorsqu'il m'aperçut, il fit d'abord un sourire, puis d'une voix gentille, il me demanda :

« Mais que c'était-il passé ? » Je répondis :

« Rien ! J'ai rencontré un policier qui paraît-il était de Béja. » Salem, avec un visage agréable me dit :

« Vous le connaissez ? » Je fis :

« Non pas du tout ! » Salem hocha la tête et d'un ton calme fit :

« Vous, les Béjaois, vous êtes partout, comme un peuple à part et vous avez un lien spécial entre vous. » À quoi je répondis :

« C'est exact, nous sommes très peu nombreux et de ce fait nous sommes précieux et spéciaux. » Puis pour ne pas éveiller un sentiment quelconque j'ajoutai :

« Mais nous sommes des bons enfants de la Tunisie, que nous soyons américains, français ou italiens, nous restons les mêmes dans notre pensée et dans notre mode de vie. » En réalité je n'étais pas sûr que le policier fût vraiment de Béja, ou s'il s'était fait passer pour tel pour me faire plaisir. Salem fit encore un geste pour m'indiquer le chemin et puis nous sortîmes dehors où le chauffeur nous attendait avec sa voiture.

Il se faisait déjà tard et la nuit avait étendu ses voiles sur Tunis.

« Ce chemin nous amènera de l'aéroport à l'hôtel Abou Nawas », me dit Salem. Je ne pouvais pas observer quoi que ce soit à travers la fenêtre de la voiture. Tout me paraissait étroit et les distances semblaient être très courtes.

« Voici l'hôtel ! » dit mon ami.

« Nous sommes déjà là ? » demandai-je. En effet il avait l'air d'un bel hôtel. Salem tout fier de lui-même s'exclama :

« C'est l'hôtel Abou Nawas ! » puis, il ajouta :

« C'est un hôtel entièrement tunisien. »

« Que voulez-vous dire par entièrement tunisien ? » je lui demandai.

Salem d'un air aimable, essayant de ne pas me vexer, car après tout j'étais de nationalité américaine, et ne connaissant pas mon opinion à ce sujet, me dit :

« Les investisseurs américains avaient commencé la construction à leur façon. Leurs conditions étaient à l'encontre de l'esprit tunisien. Donc nous avons arrêté la construction et enfin nous avons trouvé des Kuwaitiens qui étaient prêts à investir dans ce projet à la façon tunisienne. »

L'entrée de l'hôtel était en effet majestueuse. Salem m'accompagna jusqu'à ma chambre, puis il me souhaita encore une fois la bienvenue et me laissa jouir de ma première nuit dans mon pays natal. La chambre qui m'avait été réservée était entièrement à mon gré. Après tant d'années d'éloignement de mon pays, aller dormir me semblait ridicule et de toute façon je n'avais pas sommeil. Après que Salem avait quitté l'hôtel, je me rendis aussitôt au foyer de l'hôtel pour regarder de près l'architecture que j'avais à peine entrevue, alors que je remplissais le formulaire de l'hôtel. Je regardai les détails, puis je me rendis par un escalateur direct du foyer à un autre étage. Celui-ci était aménagé avec plusieurs restaurants et des salles de réception. L'ensemble était moderne comme à l'américaine mais maintenait jalousement le style tunisien qui ajoutait un air exotique à son architecture. Celle-ci évoquait bien l'histoire riche de la Tunisie qui date depuis des siècles. L'écho des Phéniciens, des Numides, des Romains, des Vandales et des Byzantins se mélangeait avec celui des Tunisiens, des Arabes, des Juifs, des Turcs et des Français et en dernier des Américains, pour créer dans chaque détail, le style tunisien. J'aurais pu passer toute la nuit à observer et à admirer les traces qui me reliaient à mon enfance, mais il se faisait tard et je tenais à être en forme pour le lendemain.

Je me rendis finalement dans ma chambre. Celle-ci avait un balcon qui donnait sur l'avenue Mohamed V, anciennement l'avenue Gambetta. Je l'avais reconnue par ses palmiers qui étaient restés là comme des témoins de mon temps. Je me souvenais qu'il y avait une esplanade, à droite des palmiers, du côté de la mer morte. Cette esplanade de gazon hébergeait les cirques qui venaient de différents pays. J'avais flâné plusieurs fois sur cette pelouse. Il n'y avait rien d'autre dont je pouvais me rappeler. Cette avenue me servait de point de repère. Depuis que j'avais quitté la Tunisie, l'avenue avait subi beaucoup de changements. Des nouveaux immeubles y ont été construits depuis. Il n'y avait plus de vide. On y trouvait le Palais des Congrès, la Maison de l'Artisanat, le parc Kennedy, dans lequel se dressait fièrement l'hôtel Abou Nawas et beaucoup d'autres immeubles qui avaient l'air de bureaux. On voyait à peine la mer Morte qui était juste au bord de l'esplanade. Une partie de celle-ci avait été asséchée pour créer les terrains sur lesquels sont construits aujourd'hui tout un quartier industriel et un quartier résidentiel.

Le TGM, le train qui nous amenait de Tunis à la Goulette et à la Marsa était en pleine avenue Jules Ferry, celle-ci a été rebaptisée « l'avenue Habib Bourguiba », d'après le père de la Tunisie. Le TGM est maintenant plus retiré vers la mer. Alors, il arrivait presqu'à l'avenue de Paris qui nous emmenait au passage, puis au Belvédère. L'avenue est maintenant plus aérée.

Je m'allongeai sur mon lit de la chambre de l'hôtel Abou Nawas. En attendant que le sommeil m'emporte, il me paraissait plus sage de jeter un petit regard dans le passé, où les relations amicales et fraternelles entre musulmans et juifs n'étaient pas des rêves, mais des réalités.

Je quittais le monde turbulent et séculier pour entrer dans le petit monde qui est le mien. C'est bien là où je suis né. Que je sois aux États-Unis, en Europe ou ailleurs, ce monde m'accompagne partout et à tout moment. Sans même avoir une carte topographique, j'y entreprends, réveillé ou endormi, des promenades clandestines. Je ne sais pas toujours par quelle rue commencer, mais j'aime bien faire des excursions sans tous ces passeports et moyens de locomotion. N'est-ce pas merveilleux, de se sentir libre dans sa peau ? Parfois lorsque je suis dans le train et le chemin commence à être ennuyeux, je me promène secrètement dans les rues de Béja, sans que quelqu'un puisse s'en apercevoir. Lorsque je me trouve chez le docteur ou chez le dentiste, comme c'est souvent le cas lorsqu'on prend un peu de l'âge, je fais une promenade parfois courte et parfois longue. Cette fois-ci je devais attendre chez mon dentiste. J'avais passé en revue tous les journaux et les revues qui traînaient sur la table, il n'y avait pas un journal du jour ou une revue du mois en cours, tous étaient des mois précédents et pour ne pas relire des vieux articles, je préférai me faire la vie facile, je commençai la marche clandestine à partir de notre maison de la rue François Faure-Dère – aujourd'hui on l'a renommée rue Habib Thameur. Heureusement que mes voisins m'avaient tenu au courant du changement de nom. Lorsque je l'avais appris, j'étais un peu triste car je trouvais que personne de notre ville ne nous avait demandé notre avis, puis je me suis dit : « Peu importe ce que les personnes responsables décident, pour moi rien ne change ». Béja est toujours mon Béja. Soudain une grosse femme accompagnée de son mari entra. « Good morning ! » elle dit. Elle m'avait arraché pour un moment à mon excursion matinale, mais j'y retournai aussitôt. Je descendis les escaliers du premier étage et j'entrepris une petite marche, à partir de notre rue. Mme Beneinous venait d'arriver en bicyclette, elle portait son bernous noir (cape), je la saluai et continuai mon chemin. Devant moi je voyais la maison des Ferrara et des Vulo, nos voisins d'après la guerre, un peu plus loin et à ma gauche, la gare. Je disais bonjour à Monsieur Cotard et à ma droite la maison Saint Frères était toujours là, telle que je l'avais laissée. Cette société louait les sacs vides aux paysans pour qu'ils puissent transporter leurs récoltes de céréales. Un peu plus haut, dans la rue de France et toujours du même côté, après la fin des bombardements, les Chaouat avaient occupé un grand magasin qui faisait dépôt commercial, ils l'avaient transformé en habitation. Je revoyais encore la mère Chaouat, Marie, au seuil de la porte et j'entrevoyais dans le fond du dépôt le père Fraji Chaouat, qui terminait sa prière matinale. Ses fils Rémi et Jojo étaient déjà en haut de la rue, ils allaient vers l'école. Je continuai le long du trottoir et j'entrecroisai en sens inverse Simon Bellaïche qui allait à son travail à la station Shell, qui était dans notre rue et qui était à côté de la maison Cotard. Un peu plus haut je vis la femme de Monsieur Berdah qui était à sa fenêtre, elle était là à observer les passants. Tous les jeunes de mon âge aimaient bien la regarder, car elle était belle, puis elle n'était pas de notre ville. Nous les garçons nous la trouvions très charmante et à notre âge nous étions très attirés par la beauté extérieure. À ma gauche et sur le trottoir opposé le jeune Ottman sortait justement de sa maison, qui était au-dessus du magasin de chaussures Bata et un peu plus loin, le bureau de ravitaillement. Celui-ci avait été créé à cause de la guerre, le fils du directeur de notre école, Monsieur Ouvrard, était le directeur de cette institution temporaire. Mon oncle Alfred descendait en bicyclette vers le dépôt de blé. Il ne m'avait pas vu et moi je préférais continuer mon chemin lentement sans être interrompu. La fille Beneinous, une des filles dont le père était charron, allait aussi à l'école. Simone Rabot son cartable en cuir à la main venait de sortir de sa maison, je la saluai, elle me retourna le salut et m'invita à la rejoindre, elle allait prendre un beignet chez le Ftaïri (le marchand de beignets) qui était à l'opposé de la Rohba (la foire). De ce fait je me trouvais entraîné à lui tenir compagnie. Tout en traversant la rue vers le trottoir opposé, cette fois-ci notre ami Ottman nous avait entrevus ; tout naturellement il s'était joint à nous. Je me trouvais dévié de mon chemin et encore je me trouvais maintenant avec les deux compagnons de notre quartier, nous allions à trois chez le marchand de beignets. Je n'avais pas l'intention de manger un beignet mais, la compagnie donne de l'appétit et je me disais : « Puisque je suis là, autant prendre aussi un beignet ». Un proverbe tunisien disait « Qaada Maa Jmaa Khlaa » (Rester en compagnie c'est comme des vacances). Chaloum Bellity, que D' bénisse son âme attendait son beignet à l'œuf et insistait à haute voix :

« Odrobha Be Safout ! » (Fais-moi le croquant à l'aide de la broche pointue.) Le marchand de beignets tout souriant et obéissant lui dit :

« Eyoua Ya Sidi. » (Bien sûr, Monsieur.) Ce marchand avait une mémoire extraordinaire, tout en faisant frire ses beignets, il écoutait les désirs de ses clients et répondait à chacun, avec un aimable sourire. Après cette délicatesse frugale, je dis au revoir à mes amis et je continuai mon chemin à partir de la place où j'avais rencontré Mademoiselle Rabot. Je croisai la route et retournai sur l'autre côté du trottoir pour flâner tranquillement le long du mur de la « Rohba ». Je passai le long du portail, et soudain je vis Baqbaq qui était debout devant la porte du petit débit de tabac. En ce temps-là les cigarettes étaient rationnées, et Baqbaq se pointait souvent avant l'ouverture pour obtenir sa ration de cigarettes. Je le saluai et je continuai mon chemin, puis je passai près de l'épicerie de Maurice Levy et d'Attia qui fait le coin avec la rue de Tunis, de l'autre côté, l'atelier de Houani (Victor) Temmam le bourrelier. Ce dernier était toujours matinal car il aimait lire son journal. La plupart de ses clients ne savait pas lire, donc il était toujours prêt à leur donner les nouvelles du jour. Je ne voulais pas m'attarder avec Temmam car dans la rue de Tunis j'avais plusieurs membres de la famille qui habitaient là. La famille de Sassi Lilouff, la famille de Moumou Cohen, à part cela, la famille de rebbi Moumou Hagège qui était marié avec la sœur de Chaloum Levy. Devant la maison du rabbin, il y avait une place vide puis le mur de la Rohba. Sur cette place il égorgeait les poules avec son couteau bien aiguisé. Au fond de la rue, la famille de Daïdou Saadoun qui était marié avec Ghzala, la sœur de ma grand-mère, puis, en face, la maison de mon oncle Alfred. Sa maison était adossée à la forge de Bosco. Puis, je retournai vers l'avenue de France, celle-ci logeait plusieurs bourreliers. De l'autre côté de la rue il y avait la Compagnie Algérienne et la brasserie du Phoenix, en face l'Hôtel Restaurant qui est près des magasins des bourreliers et plus haut sur le même côté les ruines de l'immeuble des Tubiana qui a été bombardé pendant la guerre. Cette maison avait deux étages, elle était juste en face de la mairie. Elle était en forme de « L » majuscule. Les Tubiana avaient au premier étage leur propre synagogue et une salle de réception. De temps à autre j'allais prier dans cette synagogue. Combien de souvenirs j'avais accumulés dans cette synagogue ! Je me souviens encore de Bichi Tubiana, de Fernand Tubiana, le père de Makhlouf et de Judith, puis de son frère Isaac Tubiana, le père de René, d'Hermance et de Vonvon, puis de leur frère Daïda Tubiana, le Moël. C'était une grande famille avant la guerre. Tout en marchant vers la mairie je rencontrai le père Bouzigue, le facteur de chez nous, il parlait avec le policier, Monsieur Galia, le Maltais. Je faisais semblant de ne pas les voir car je voulais continuer vers le café Bijaoui, là j'entrecroisai Hayem Etouil, l'ami de papa. Je le connaissais depuis l'âge de trois ans lorsque j'allais au café Bijaoui d'avant-guerre. Sur le même trottoir les magasins étaient encore fermés, le fils Albou était en train d'ouvrir le magasin de coiffure de Monsieur Monfré, puis, plus loin je m'arrêtai dans la boulangerie Durani où je pris un croissant bien chaud. Ensuite je croisai la route et me dirigeai vers la rue Kheredine (Khiar Edin). La maison des Bellity était là debout depuis plus d'un siècle. Certains élèves qui allaient à l'école des garçons passaient devant moi, ensuite une foule de jeunes filles allaient dans le sens inverse à l'école des filles, celle-ci était située près de Bab Boutefaha. Mademoiselle Nathalie, la directrice de cette école, les accueillait avec un regard sévère. Dans le fond de la rue Kheredine il y avait le magasin de papa, mais avant, et au début de cette rue il y avait le magasin de Doumar Memmi, le cousin d'Albert Memmi l'écrivain, le vendeur de Drou'a et de gâteaux, celui-ci était côte à côte avec le magasin de Lalou Fargeon et de son père Hayem l'Inglisi, qu'on appelait ainsi, parce qu' il avait un passeport anglais. Quand j'eus atteint le magasin de papa il était presque midi. Du coup, l'infirmière prononça mon nom :

« Emili ! »

« Yes, madam ! My name is Emile » (en anglais le E est prononcé I) Je me levai en disant « adieu Béja, c'est le tour de la perceuse qui va commencer ». Mon dentiste me fit un sourire trompeur, je crois que je ne fais pas l'exception, puisque personne n'aime aller chez le dentiste, puis il me dit :

« Open your mouth ! » (Ouvrez votre bouche.) Je pensais pouvoir continuer ma promenade, mais je m'étais dit qu'il valait mieux garder les bons souvenirs sans le mal de dents. J'interrompis mon pèlerinage de Béja pour me soumettre aux instructions du dentiste, en espérant un jour continuer mon excursion.

« Me voilà justement devant ce jour, » me disais-je, « je passerai du rêve à la réalité, à une heure de distance de là où je me trouve : cette fois-ci c'est du vrai ». Je me disais : « Demain je serai dans ma ville ! Vais-je revoir mes amis de la rue, les fils Ben Youssef, leur papa était spahi, vais-je rencontrer Hèdia notre voisine qui m'avait élevé jusqu'à l'âge de dix ans, ou Chedlia et sa sœur, nos voisines qui habitait au rez-de-chaussée, au-dessous de notre appartement ? » Elle avait l'âge de ma sœur Ninette et l'autre avait l'âge de ma grande sœur ; ou Abdelkrim, le jeune qui travaillait depuis des années chez papa ? Il avait l'âge de dix ans lorsqu'il avait commencé à apprendre le métier, c'est lui qui m'accompagnait de temps en temps au jardin d'enfants. Le vendredi lorsque notre maison fut bombardée par les avions allemands, beaucoup ont perdu un ou plusieurs membres de leur famille. Après la guerre nous devions habiter une autre maison en attendant que notre maison soit réparée. Pour nous consoler papa nous disait :

« Nous allons habiter temporairement la maison Lagana et nous retournerons dans notre maison une fois que les travaux seront terminés ». Hélas le temporaire était plus long que le définitif. Après la guerre et jusqu'au jour où j'ai quitté notre ville nous n'avons plus quitté la deuxième demeure.

L'air pur du mois de janvier pénétrait mes poumons. Allongé sur le lit avec mes habits je songeais à tout ce qui m'attendait le lendemain et, tellement fatigué de la longue journée, je finis par m'endormir.

LES TRÉSORS CACHÉS

## LE JOUR DE MON ANNIVERSAIRE

Je me suis fait réveiller par la fraîcheur matinale de la mer et par les rayons de soleil qui pénétraient dans ma chambre à travers la porte entrouverte du balcon. Je restais allongé dans mon lit. Ce jour-là, Salem devait m'envoyer son chauffeur venir me chercher. Vers neuf heures du matin le téléphone sonna. C'était sa secrétaire qui était au bout du fil :

« Vous dormiez, Monsieur ? » Elle m'avait parlé en français avec une voix douce et hospitalière, puis elle continua :

« Continuez à dormir, vous avez le temps, le chauffeur arrivera une heure plus tard que prévu, il vous attendra à l'entrée de l'hôtel. »

Effectivement je la remerciai et je me retournai de l'autre côté, je flânai encore un peu et profitai de cette grasse matinée. Dans le fond j'étais ravi de cette nouvelle. Je continuais mes rêves dans mon lit, et je me disais :

« Pour la première fois je me trouve sans aucune obligation. »

C'était aussi un samedi, comme le jour de

ma naissance, donc un jour très spécial pour moi. Salem et moi avions convenu à l'avance d'aller à Béja. C'était la raison de mon voyage, cela faisait bien longtemps que je m'étais promis d'être à Béja à mon anniversaire. Hélas, mon hôte avait reçu une visite inattendue d'hommes d'affaires. Dès que je mis les pieds dans son bureau il me salua, puis il fit :

« Hey Oqo'd Bahdana, Thab Qahwa ? » (Allez, restez auprès de nous, voulez-vous un café ?) Salem ne savait rien de mon anniversaire. Dans son bureau il y avait quelques hommes, qui ne me paraissaient pas être du pays. Après un moment, il me dit :

« Hadou Medjazayer » (Ces messieurs sont d'Algerie.) J'avais saisi la raison pour laquelle il voulait que je lui tienne compagnie. Il voulait que j'assiste à la conversation, mais je n'avais pas grande envie d'entrer dans le monde des affaires. Et pourtant, comme il m'avait parlé d'eux auparavant, je consentis, et pour me rassurer, Salem me dit :

« Je vous conduirai moi-même à Béja. » Je répondis :

« C'est gentil et c'est le jour de mon anniversaire. »

Lorsqu'ils apprirent que c'était mon

anniversaire, les employés s'organisèrent discrètement pour que l'un d'eux aille chercher quelque chose. En quelques minutes j'étais comblé de bons vœux, de gentilles paroles, comme « Mabrouk » (bénédiction), « Marhaba » (bienvenue), puis une jeune fille me tendit un bouquet de roses. J'étais très touché de cette gentillesse et de ce geste. Le jour de ma naissance ma grand-mère avait apporté un « Tabal » (un groupe local de musiciens folkloriques) dans la rue. Ainsi tout le quartier apprit la nouvelle.

La conversation des hommes d'affaires se tint d'abord dans les bureaux, puis elle continua dans un restaurant. Chacun d'eux avait commandé une grillade de viande de mouton ; à mon tour, j'avais choisi un rouget grillé. Ils essayèrent de me convaincre de prendre comme eux des grillades, mais je leur dis que nous n'avions pas de rouget aux États-Unis. J'avais hâte de terminer le repas qui retardait mon voyage. Alors qu'on attendait d'être servis, Salem profita de discuter avec ses invités. Je regardais tout autour alors que ces messieurs discutaient. La salle était vide, nous étions les seuls clients, tout était muet. De temps à autre on voyait des silhouettes de personnes qui bougeaient. Ce devait être les employés ou les garçons. Nous étions sans doute les derniers clients.

Vers une heure de l'après-midi, les invités se mirent en route pour l'Algérie. En effet leur présence ne semblait pas être agréable pour Salem, et comme j'avais plus ou moins suivi la conversation, j'étais aussi du même avis.

Il était presque une heure et demie de l'après-midi lorsque nous prîmes la route. Salem me parlait de ses invités et de ses affaires. Je ne l'écoutais pas et je n'avais aucune intention de suivre ses propos, j'étais bien trop concentré à voir la route. Dès la sortie de Tunis, tout le chemin me paraissait inconnu, d'autant plus que je ne voyais pas d'arbres le long de la route. De gauche et de droite j'observais les nouvelles maisons genre HLM. Elles avaient un style différent de celui que l'on voit en Europe ou aux États-Unis. Toutes ces maisons étaient peintes en blanc. Je les trouvais agréables à la vue. Je n'avais jamais vu tant de voûtes et d'arcades avant. Ce genre de voûtes on les voit surtout en Californie ou en Amérique du Sud. Ces maisons étaient assez retirées de la route, elles laissaient un espace assez large. Elles permettaient une bonne vue aux automobilistes et créaient une bonne circulation d'air. En quelques minutes

# LES TRÉSORS CACHÉS

nous étions au Bardo « Bardou », du moins c'est ce que mon hôte me disait. Je me souvenais qu'en 1939 papa me parlait de sa caserne militaire au Bardo, il me disait aussi des choses sur le palais du Bey, comme :

« Khla'at leqtatess fi Bardo. » (Les vacances des chats au Bardo.) On employait cette expression quand quelqu'un se vantait d'aller en vacances mais n'avait pas d'argent, car lorsque le Bey allait en été à la Marsa ses employés oubliaient les chats aux palais du Bey qui était au Bardo et les laissaient sans nourriture, ainsi ils crevaient de faim. Jusqu'à ce jour-là, la région du Bardo m'avait été inconnue.

La route s'étalait comme une bande grise, la circulation était très faible, nous étions presque les seuls sur la route. De temps à autre une voiture nous dépassait. De loin je voyais un troupeau de moutons. Au début il me paraissait être sur le pré, puis soudain, Salem freina brusquement. En effet le troupeau était sur la route. Celui-ci croisait la route très lentement. Salem n'avait pas l'air d'être content, il commença même à perdre patience. Puis il commençait à grogner sur les moutons et sur le berger. Je n'étais pas d'accord avec lui, car je n'avais pas vu de troupeau croiser la route depuis longtemps.

« Des scènes pareilles sont très rares », me disais-je, puis d'une voix neutre et aimable je lui dis :

« Voir des moutons croiser une route principale aux États-Unis, me paraîtrait drôle », puis, je lui lançais un regard sérieux en disant :

« Estimez-vous heureux de pouvoir encore voir des moutons. » Il ne comprenait pas ma remarque. Il me regardait d'un air étonné et inoffensif et il me dit :

« Vous avez des moutons qui traversent la route en Amérique ? » Je lui répondis :

« En Amérique ce serait un luxe, beaucoup d'enfants n'ont jamais vu un mouton ou une vache. » Il n'en revenait pas et me dit :

« C'est mieux comme ça. » Je continuai :

« Savez-vous que certains enfants ne savent même pas que le lait vient de la vache. Ils croient même que le lait est un produit de fabrique. » Puis je continuai :

« Gardez-vous de transformer ces beaux champs et cette vie naturelle en usines et en fabriques. Vous serez certes riches en produits de luxe et en voitures mais vous aurez perdu les valeurs naturelles et spirituelles que vos ancêtres vous ont laissées. C'est bien le précieux de la vie, qu'ils nous ont communiqué. »

Le troupeau passa lentement de l'autre côté de la route, le berger ne semblait pas avoir l'air de se presser et ne montrait aucun signe de nervosité. Je l'admirais avec son troupeau. « Celui-ci a bien les pieds sur terre », me disais-je. Puis je me tournai vers Salem et lui dis :

« Nous avons peut-être perdu le sens du lien naturel avec la terre où nous sommes nés. » Puis, je continuai :

« Moi qui vis loin, je saisis profondément l'intensité de l'amour qui me lie à cette terre, elle est bien notre mère. » Puis, alors qu'il conduisait, je repris la parole :

« J'espère que la nouvelle génération reconnaît aujourd'hui sa valeur romantique et surtout spirituelle. Je l'espère du moins pour elle. » Salem me regardait d'un air étonné, il semblait admirer ce que je disais puis il fit :

« Je commence à comprendre pourquoi tu reviens voir ta ville ! » À ces propos, je repris :

« Nous sommes comme des arbres déracinés et transplantés à des milliers de kilomètres, certains résistent et certains meurent et ceux qui vivent ne trouvent pas facilement l'épanouissement naturel. Il leur faut plus de temps et de souffrances pour pouvoir émerger dans le nouveau monde qu'ils ont volontairement ou involontairement adopté. » Salem me regarda et me dit :

« Brabi Echnoua Elhadra, Hada Ghriq ! » (Pour l'amour de Dieu, qu'est-ce que ce sont que ces paroles, c'est du profond !) Je compris qu'il avait saisi la profondeur de mes pensées et avec un ton sérieux et grave je continuai :

« Ceux qui ont saisi le sens et les relations entre nous-mêmes et la terre de laquelle nous sommes nés, découvriront les richesses spirituelles qui nous guideront vers l'accomplissement de nous-mêmes et de notre bonheur sur terre. » Salem aussi sérieux me dit :

« Barakala Fik. » Comme pour me dire bravo, sans avoir à entrer dans une conversation philosophique. Il ne perdait pas de vue que j'étais son hôte et l'hospitalité tunisienne dit qu'il ne faudrait jamais contredire un invité.

Nous continuâmes notre route. Un silence agréable s'installa dans la voiture. J'étais tellement absorbé par le paysage, que Salem croyait que j'étais fâché avec lui à cause des moutons.

La voiture de Salem roulait calmement, on entendait à peine le bruit du moteur. La route défilait devant mes yeux, Salem accoudé vers la gauche et avec la main droite tenant le volant, suivait la route comme une couturière qui coud avec la machine et suit la coupe. Un bon moment passa sans que nous échangeâmes un mot. Il avait l'air de chercher une excuse pour m'adresser la parole, puis soudain il se tourna vers moi et avec un visage sensible il me dit :

« C'est tellement important les moutons ? » Le silence qui s'était installé pour un certain temps l'avait inquiété. Il pensait que j'étais fâché et que la cause était mon opinion sur les moutons. En effet je me trouvais plongé dans mes rêves et je ne prêtais pas attention à la discussion, mais je voulais simplement l'éclaircir sur l'importance de la nature. Des deux côtés de la route les eucalyptus passaient en sens inverse et notre voiture paraissait immobile.

J'interrompis aussitôt Salem pour lui expliquer que nulle part dans les pays industrialisés on ne peut voir de troupeaux de moutons traverser librement les routes principales comme ici et j'ajoutai :

« J'espère que vous n'allez pas avoir la folie de l'Occident et commencer à interdire l'élevage libre des troupeaux de moutons dans les champs. » Salem réagit en me disant :

« On ne peut pas rester primitif toute notre vie, il faut éduquer ces paysans. » Je répliquai avec ces paroles :

« C'est par leur grâce que nous vivons, pense à Moïse », et je continuai : « Dieu l'avait choisi, parce qu'il avait pris soin d'un agneau ». Salem qui était concentré sur la route ne semblait pas m'avoir entendu ; alors je lui demandai si le goût du mouton qu'il venait de manger était bon. Après un silence, il me répondit tout fièrement :

« Le meilleur au monde. » À cela je lui dis :

« C'est parce que le mouton est nourri naturellement, alors qu'ailleurs il n'a pas de goût, on lui donne des tas d'additifs artificiels pour le faire grossir. » Salem semblait être satisfait de ce que je venais de dire et me répondit :

« Je suis entièrement d'accord avec vous. » Il comprenait bien à quoi je me référais. Les quelques kilomètres que nous venions de parcourir m'avaient bien convaincu que la Tunisie était encore liée, volontairement ou pas, aux anciens principes et malgré le progrès je ne voyais pas un danger immédiat pour l'élevage de moutons.

En moins d'une heure nous arrivâmes au croisement de Medjez-El-Bab, à gauche un signe montrait la direction de Testour. Je lisais et relisais « Testour ». Je ne pouvais pas ignorer le nom de Rebbi Fraji Chaouat qui est associé avec

Testour. Je me souvenais des beaux pèlerinages de Testour, auxquels j'avais participé avec mes parents et dont le récit se trouve à la fin de ce livre.

L'enseigne qui disait « Testour » avait réveillé en moi des sentiments de jadis. Tous les souvenirs des pèlerinages se déroulaient dans ma tête en silence, Salem ne se doutait de rien, il conduisait calmement. Les souvenirs du pèlerinage m'avaient capturé de sorte que j'oubliais que nous roulions encore en voiture. Voici déjà plus d'une heure que nous avions quitté Tunis. Salem, qui ne se rendait pas compte de mes pensées et de mes souvenirs, me voyant avec mes yeux mi-clos, croyait que je dormais. Et soudain il me dit :

« Alors, vous allez continuer à dormir tout le long de la route ? » J'avais l'impression que quelqu'un de ma famille me disait ces paroles, tellement j'étais plongé dans mes songes. J'ouvris les yeux et je fus saisi cette fois-ci par les plaines et les champs verts qui resplendissaient comme une grande surface illuminée.

« C'est divin ! C'est miraculeux ! La route monte directement au ciel », m'exclamais-je. Tout le long du trajet les arbres qui bordaient la route créaient un ombrage. Leur couleur foncée faisait contraste avec la couleur verte des champs. Je n'avais plus vu ces couleurs depuis des années. Le vert lumineux semblait bien nous éclairer. Je priais mon hôte de ralentir et de s'arrêter de temps à autre pour me permettre de revoir calmement ce paysage. Le soleil du mois de janvier était assez fort. Je descendis la vitre pour respirer de l'air et pour mieux voir les champs. Salem qui était du sud de la Tunisie, ne saisissait pas la raison de mon admiration. À cela j'ajoutai :

« Vous voyez ces plaines ! Elles sont une partie de moi-même et moi je suis une partie d'elles ! » Puis, je fis :

« Elles sont sacrées. » Ces champs et ces plaines restent toujours ma terre natale, comme pour un Français les Vosges ou la vallée du Rhône, comme pour un Allemand la Rhénanie ou la Westphalie. Et je m'adressai aux habitants de cette noble cité :

« Mes voisins, mes amis, vous qui êtes nés de la même terre, nos familles ont vécu des siècles sous le même ciel, nous avons respiré ensemble l'air pur de nos plaines, de nos montagnes et de nos collines, nous avons été bercés par le même amour que nos grands-mères et nos grands-pères ont su nous transmettre. Ils nous ont enrichis du patrimoine spirituel accumulé de génération en génération pendant des siècles. Je ne me souviens pas de vos noms ni de vos visages, mais je sais qui vous êtes, que vous soyez vivants ou dans l'au-delà, je vous reconnaîtrai de si loin car vous êtes les grains de cette même terre que moi et je vous aime inconditionnellement. Vous allez me demander :

— Pourquoi nous avez-vous quittés, juste lorsque nous avions le plus besoin de vous ? Nous comptions sur vous lorsque les Français sont partis !

Je vous répondrai :

— C'est ma destinée qui a voulu me conduire et me forger, afin que je découvre les valeurs de nos ancêtres et de l'amour. Sans cette destinée je serais comme une bougie sans la flamme qui nous éclaire et qui nous anime, je serais sans aucun sentiment, tout simplement un corps sans âme. Peu importe si vous m'aimiez ou pas et si vous apparteniez à une religion ou à une autre. Le fait que vous soyez nés de la même terre, vous êtes de la même graine que moi, et rien au monde ne pourra changer cette empreinte spéciale qui nous distingue de tout le monde et qui fait de nous le Baji (le Béjaois). Que nous soyons proches ou loin de notre terre natale, ce n'est qu'elle qui pourra nous fertiliser et nous rendre ce que nous devons être, des 'Êtres Humains'. Un pigeon voyageur retrouvera toujours la direction et l'endroit où il est né. C'est un aimant qui nous relie à notre terre, indépendamment de notre raison, de notre religion ou de la couleur de notre passeport. Certains l'appellent attachement à la patrie. Quelle idée ? Moi je l'appelle tout simplement l'amour ».

Salem n'en revenait pas, mais il évitait de me contredire pour ne pas rentrer dans une conversation qui lui paraissait philosophique ou peut-être politique. Il changea de sujet et gracieusement me tendit son appareil de photo comme s'il voulait me dire « Je suis avec vous dans cette pensée » en me disant :

« Prenez des photos ! » Par courtoisie je pris l'appareil de sa main, mais en réalité mes songes étaient plus réels que toute photo et je me trouvais devant ce qui était identique à mes mémoires. De son regard j'avais déduit qu'il avait malgré tout apprécié l'amour que je portais pour ces plaines. J'espérais tout de même qu'il pourrait saisir ce que mes paroles voulaient dire : parcourir les champs de blé, respirer l'air pur de ces campagnes, vivre sans les soucis de cette vie moderne. Salem conduisait toujours sans savoir ce qui me venait à l'esprit. Il n'avait sans doute jamais eu à faire à un touriste comme moi.

Je suivais la route attentivement. Quand j'étais enfant je comptais les arbres qui étaient tout le long de la route. Cette fois-ci je ne voulais pas rater les serpentines du Monchar. Ainsi j'attendais patiemment de voir ces montagnes en forme de scie. À quelques centaines de mètres au-devant, sur la chaussée droite, je voyais de loin une personne avec un enfant, qui semblaient être des bédouins juchés chacun sur un âne.

« C'est le moyen de transport le plus sûr », remarqua Salem avec un sourire ironique. Je m'acharnai pour les saluer à travers la fenêtre, mais notre voiture roulait si vite, qu'à peine avais-je pu voir le dos et la tête de l'un d'eux. Celle-ci était revêtue d'une chachia rouge décolorée par le soleil. « Cela fait bien longtemps que je n'avais plus vu de chachias », me disais-je. Après quelques kilomètres, encore un bédouin sur un cheval, qui venait en sens inverse. « Encore une graine de chez nous », me disais-je.

« Ce doit être un paysan plus aisé. » Salem qui regardait la route attentivement me dit :

« Mais qui est plus aisé ? »

« Non, rien, je parlais avec moi-même », je répondis.

Salem avait de quoi rire, cette fois-ci il était convaincu que l'Amérique avait changé ma façon de voir les choses. Je ne prêtais pas attention à ce qu'il disait, car ces bédouins que je revoyais pour la première fois depuis des années, m'étaient chers, ils étaient eux aussi une partie de ce paysage et de ma vie. Un peu plus loin je vis comme un croisement de route, à ma droite un chemin, puis un panneau indicateur. D'un regard attentif et curieux je m'efforçai à lire les inscriptions sur ce grand panneau, j'étais stupéfait, et même déçu, lorsque du coup ! je me trouvai devant le panneau de direction qui disait : « BEJA ». Je lus et relus : Béja, Béja. La lumière du jour était si claire et brillante que je pouvais revoir ce paysage dans sa pure vérité. Je n'en revenais pas, je croyais avoir rêvé. Le parcours était si rapide que je ne m'étais pas rendu compte que la nouvelle route faisait un raccourci et évitait les serpentines. Il me semblait que nous avions volé jusqu'ici.

Quand j'étais jeune, il n'y avait pas de bonnes routes. Pour aller de Béja à Tunis c'était une aventure très spéciale. Les Lelouf qui nous sont apparentés par mariage avaient invité maman à aller avec eux à Tunis, j'avais à peine cinq ou six ans. Nous nous étions alors tassés dans une Citroën traction avant. Entre le siège arrière et le siège avant il y avait des strapontins ; ceux-là aussi étaient occupés. Maman était assise sur le banc arrière et me portait sur ses genoux. La route me paraissait très longue. Quand nous avions atteint les serpentines du Monchar, ma maman m'avait raconté qu'elle devait arrêter la voiture pour me faire respirer de l'air car j'avais le vertige. Le trajet Béja Tunis durait quelques heures. Pour moi c'était un trajet sans fin. Je ne pouvais pas comprendre alors pourquoi les grands étaient contents de voyager. Certaines femmes bavardaient et rigolaient. Maman me voyant avec un air triste avait sorti un petit paquet je ne sais pas d'où et m'avait dit :

« Veux-tu un morceau de gâteau ? » Je ne pensais pas du tout à la nourriture, mon seul désir était d'arriver, je ne sais pas où, mais de sortir de ce calvaire étouffant qu'était la voiture. Le soir même après un long supplice nous avions atteint Tunis pour voir ma grand-mère. Il se faisait tard et les rues de Tunis étaient obscures. Nous croisions de temps à autre un carrosse à deux chevaux avec de chaque côté une lanterne. Depuis maman avait opté pour le train. Nous prenions alors le train jusqu'à Mechtouta, après un arrêt prolongé, le train continuait son trajet avec plusieurs arrêts jusqu'à Tunis. En ce temps-là le trajet semblait durer toute une journée.

J'étais un peu déçu, de ne pas avoir revu les serpentines. Me voyant ainsi Salem arrêta la voiture et me dit :

« Vous avez l'air d'être triste ? » Je restai silencieux pour un moment car je me disais que c'était justement ces serpentines par lesquelles on passait lorsqu'on allait à pied au pèlerinage de Testour. Et je me tournai vers mon hôte et lui demandai :

« Mais, où sont les serpentines ? » Salem avec un sourire de vainqueur et avec son doigt dirigé vers ma droite, me dit :

« Les voilà ! »

En effet les montagnes du Monchar étaient là, leurs pics montaient si haut qu'ils se brisaient en forme de scie contre le ciel bleu et clair. Ils étaient comme des gardiens fidèles. J'observais ces cimes et je me disais : « Lorsque j'étais jeune on me disait que le ciel avait fait une alliance avec ces pics pour défendre Béja. Mon arrière-grand-père me disait que ces pics forment la barrière protectrice de notre ville. Ces montagnes n'ont pas changé, elles sont toujours là, comme mon arrière-grand-père les avait laissées. Elles sont les témoins les plus fidèles des batailles qui ont certainement eu lieu aux alentours à travers les siècles. Elles pourraient nous raconter beaucoup de choses sur les Vandales qui avaient ravagé toute la région et qui avaient détruit notre chère ville Vaga (Béja). Ils l'avaient laissée déserte et dépourvue de ses enfants pendant tout un siècle. C'étaient bien les montagnes du Monchar qui ont permis aux armées de Montgomery et de Patton d'arrêter l'armée de Rommel qui avançait vers Béja. Les pics du Monchar en forme de scie, avaient sans doute servi comme postes d'observation pour l'artillerie des alliés. Si je me souviens bien de ma leçon d'histoire, ces montagnes avaient arrêté les armées de Rome durant la guerre entre Jugurtha et Métélus et ainsi Vaga (Béja) fut épargnée ».

Quelques minutes plus tard nous nous trouvâmes devant le stade. Je ne m'en étais pas rendu compte, mes pensées étaient encore dirigées vers les pics du Monchar. Combien de souvenirs j'avais gardé de ce stade ! Les matchs contre l'UST (l'Union Sportive Tunisienne) avec son célèbre joueur Raymond Younès et contre l'Espérance, Tunis, avec son excellent joueur Laaroussi. Le jour où notre équipe devait jouer contre l'équipe de France, Gugu Ducousseau et Béber (Albert) Ballan, qui étaient encore mobilisés à l'armée, avaient pris congé de l'armée pour ne pas laisser notre équipe l'USB (l'Union Sportive Béjaoise) perdre le match. Charlot Kalfon qui était demi-centre de notre équipe et Azopardi veillaient tout le temps à ce que le ballon soit toujours dans le camp adverse, afin d'attaquer tout le temps. Leur devoir était de passer la balle aux pieds de Béber Ballan ou de Ducousseau selon le côté où ils se trouvaient. Ce dernier était comme une Madone, son coup, personne n'osait l'attraper. Un jour pour ridiculiser une autre équipe qui jouait contre nous, alors que Ducousseau devait shooter un penalty, il demanda au goal :

« Où veux-tu recevoir le ballon ? »

Le goal lui répondit en souriant :

« Dans mes bras ! » Gugu Ducousseau ne rigolait pas, il était sérieux et lui dit :

« Eh bien, c'est toi qui l'a voulu. » Il shoota et la balle alla directement sur la poitrine du goal, comme il l'avait demandée. Le coup était tellement fort, qu'on avait vu le goal s'effondrer avec le ballon dans ses bras. On avait dû le transporter d'urgence à l'hôpital. Le lendemain on apprenait par les journaux que Ducousseau avait fracturé deux côtes au pauvre goal. Notre cher goal, il s'appelait A'alioua ; lui ne laissait pas le ballon passer dans le but. Il était bien bâti, il était grand de taille, il était comme une barrière en béton. Quand il attrapait le ballon on criait :

« A'alioua ! Ya A'alioua ! » Ce jour-là, la partie se termina un à un – match nul. Quelle belle équipe nous avions ! L'USB (Union Sportive Béjaoise) était l'exemple de la fraternité et de la coexistence, qui étaient la marque d'excellence de notre ville. La nouvelle génération de Béja peut être fière de la tradition que ces joueurs ont laissée. Combien de fois avais-je moi-même joué dans ce stade.

Après la guerre nous jouions d'abord dans les rues avec des ballons de tissus ou des peaux, des ballons dans lesquels on mettait des boyaux de cochon, qui faisaient usage de vessie, par manque de vraies vessies. Un jour le capitaine de l'équipe de l'USB s'arrêta pour nous observer, puis il s'approcha de nous et nous dit :

« Venez au stade pour vous entraîner, je vous le permets. » Ce jour-là c'était comme un rêve qui se réalisait. De mon temps le stade était bien loin de la ville, maintenant il se trouve au milieu d'un tas de bâtiments qui ont été construits depuis. Alors, il me paraissait être au bout du monde. Il n'a pourtant pas changé de place.

Salem avançait et du coup à ma gauche je

vis ce qui était de mon temps le cimetière juif. Il devait être vide puisque les dépouilles avaient été exhumées et transportées au Borgel. Ceci me faisait rentrer dans une profonde tristesse. J'avais une sourde peine de ne pas pouvoir rendre visite aux tombes de mes grands-parents et des membres de la famille. Je ne comprenais pas pourquoi les autorités avaient permis ce transfert. Je me demandais où était le bon raisonnement de cette action, ce ne sont pas les terres qui manquent autour de la ville et c'était bien dans l'intérêt de la ville de garder le cimetière.

Je priai Salem encore une fois d'aller doucement. Je voulais d'une part rendre hommage à tous nos chers disparus et d'autre part je n'arrivais pas à m'orienter. Tout avait changé. Notre voiture croisa la voie ferrée. Ce n'est que lorsque mon ami remarqua avec étonnement et exclamation :

« Hata Baja A'ndha Trinou ? » (Même Béja a aussi un train ?) que je me rendis compte des rails du chemin de fer. Ces derniers annonçaient l'ancienne entrée de la ville. Mon ami qui ne connaissait pas la ville me dit :

« Maintenant c'est à vous de me diriger, c'est bien votre ville, n'est-ce pas ? »

J'étais confus d'une part à cause du

cimetière et d'autre part parce que je n'avais jamais eu l'occasion de circuler à Béja en voiture. En automobile les distances paraissent plus courtes.

    Si je me souviens bien, en 1943 Béja avait trois voitures américaines, l'une, bleu marine, appartenait au Caïd de la ville, Mr Ladjimi, la deuxième, crème, à Mr Jean Hugon et la troisième, une Ford blanche, à Chadli Berhayem. Alors nous étions contents de voir des nouvelles voitures circuler en ville. Ces mêmes voitures valent une fortune aujourd'hui. On les trouve dans les musées. À chaque fois que l'un d'eux passait avec sa voiture, nous laissions tout tomber pour satisfaire notre curiosité. C'était pour la première fois que je voyais des voitures civiles américaines. Avant la guerre le docteur Duboss avait une petite Simca cinq. Simon Bijaoui, Robert Nahum, Sehaiek Allouchi faisaient le service de taxis avec des tractions avant. Albert Alfon avait une Simca cinq avec une porte arrière, il transportait le courrier de la poste, Tunis-Béja-Gardimaou. Fofo Camilleri était son chauffeur. Ensuite c'était Alfred Berdah qui avait créé toute une industrie de transformation de vieux camions et vieux autobus. Il réparait les vieux camions et puis il les mettait en service. Après la guerre il n'y avait que lui, Simah Sabah et les Fitoussi qui s'occupaient des transports de bus et de camions. Ces autobus faisaient le service aller et retour à Bizerte, Tunis, Souk el Khemis, Souk el Arba', Tabarka, Mateur et autres villes. Voilà ce qui était des automobiles, dans le Béja de mon temps.

« Allez droit devant vous », dis-je soudain à Salem qui allait presque entrer dans une rue à sens unique. Je croyais me rappeler des rues mais je m'étais trompé. Je me trouvais juste devant ce qui était avant la guerre le café Fraji, celui qui était adossé à la maison Levy, et faisait le coin avec l'avenue de la République. La terrasse du café Fraji avait des dalles et une barrière en béton préfabriqué qui faisait le contour. Elle était surélevée et avait des marches assez larges qui faisait l'entrée du café, de là, on pouvait voir en diagonale ce qui était la pâtisserie Durani. Il m'était difficile d'éluder ces souvenirs agréables surtout qu'Yvette Durani était une élève de ma classe. En face il y avait le café Costenso. Les samedis après la synagogue j'allais rejoindre papa au café Fraji. En face du café Fraji il y avait de l'autre côté de l'avenue de la République, le coiffeur Papillon, ensuite un peu plus loin il y avait le restaurant de

Daïda Saadoun, qui nous gâtait avec sa soupe de « Homs Bel Camoun », soupe de pois chiches avec de l'ail, du cumin et de l'harissa. Il faisait concurrence à Chmimel Temam. L'avenue de la République était bordée de platanes. Dans ce café papa jouait avec tous ses amis à un jeu de cartes que l'on appelait « Chkouba ». À la table de papa plusieurs personnes assistaient, ceux qui jouaient et ceux qui regardaient ou simplement se trouvaient là pour se tenir compagnie. Il y avait Bichi, Mreydekh Bellaïche (Esbabli), l'éboueur, celui qui était en charge des ordures de la ville, Hayem Etouil (le long), Hayem Fargeon (l'Inglisi), Toubou Fitoussi, frère de Leila Fitoussi de E'in Esemch, Saada, beau-frère de monsieur Sultan, Fraji Hellali, le violoniste, Chmiyan Bijaoui, le père de mon ami Victor, Papillon, le coiffeur et ami intime de papa, Emile Kalfon de l'usine électrique, Sehayek Allouchi, le chauffeur de taxi, Breïtou Maarek le poissonnier, Salah Ben Youssef, le marchand de cuir, et encore plusieurs amis. À d'autres tables on voyait les jeunes jouer à la belote. À force de voir d'un côté et de l'autre je finissais par m'ennuyer, car je devais attendre que papa termine sa partie de cartes. Lorsque papa voyait que je m'agitais, il tournait sa tête vers moi et me disait :

« Thab kass tay ? » (Veux-tu un verre de thé ?) Puis il faisait signe au cafetier de me servir un thé. Ses amis qui ne jouaient pas aimaient me poser des questions et me taquinaient. Ces scènes se répétaient presque tous les samedis. C'était leur façon de s'exprimer, ce n'était pas méchant. Certains émettaient un rayonnement très agréable, dont je ne saisissais pas alors la signification. D'autres me paraissaient innocents et certains étaient naïfs et gentils tout court. Cette chaleur humaine émanait de leur innocence et de la naïveté et se mélangeait à l'amour qui jaillissait de leurs cœurs.

Salem ne savait rien de mes souvenirs, il croyait que j'étais dans la lune, ou peut-être sur Mars ou même Vénus, dans le fond il avait un peu raison, seulement, je n'étais pas comme il le pensait dans la lune, ou sur une autre planète mais sur Terre dans une autre époque et à une distance d'un demi-siècle. Sans le vouloir Salem prit à gauche et nous nous trouvâmes du coup dans la rue qui descendait à la gare. Derrière nous j'entrevis la place de la Mairie, et la place où le nouveau Café Fraji avait emménagé après la guerre, c'était en face de la Goutte de lait, à côté de Qahoud El Ouzara (Café du Ministère) où il y avait avant, il me semble, l'hôtel Ben Baron, à ma gauche il y avait ce qui était avant l'immeuble des Tubiana, qui faisait l'angle des deux rues et qui avait été détruit pendant la guerre. Cet immeuble avait été construit sur la terre de mon arrière-grand-père Abraham Toubiana, me disait mon oncle. En oblique je revoyais l'avenue de Sidi Frej, où habitait Monique Bouzigues qui était de ma classe et dont le père était le facteur. À ma droite, l'immeuble de Soussou Lévi, le père de Nicole, qui était aussi de ma classe, ensuite et à ma gauche le magasin du père Zakine, le bourrelier, à ma droite, la Brasserie du Phoenix, où les docteurs Bellaïche, Benmussa et le docteur Kaouel se trouvaient souvent, rejoints par Chadli Berhayem, Monsieur Sultan, le seul photographe de la ville, Aharoun Mechache, le jeune frère de mon arrière-grand-mère Rahel, Hayem Fargeon et ses fils Lalou et Fraji et d'autres qui jouaient au poker ; certains jouaient à la belote.

L'immeuble des Tubiana a été le premier à être bombardé par les Allemands. Certains disent, que c'était parce que les Tubiana avaient reçu les officiers de l'avant-garde des Alliés pour un dîner officiel, dans leur grande salle de réception, après que l'avant-garde allemande était venue à la mairie pour donner un ultimatum de 24 heures à la ville de Béja. Les Allemands voulaient entrer à Béja sans combat. D'autres disent que les Allemands voulaient bombarder la mairie et ils l'ont ratée et les bombes tombèrent sur la maison Tubiana.

Puis la route descend vers la « Rohba » (la foire). Celle-ci est maintenant pleine de ce qu'on appelait en mon temps « des immeubles de recasement ». Avant la guerre il y avait dans la Rohba le grand cinéma parlant de Ducousseau. Si je me souviens bien c'était une énorme baraque en bois. Celle-ci a été détruite pendant la guerre.

C'était bien dans ce cinéma, soixante et un ans auparavant, que Hayem Fargeon, notre voisin de le rue Khaznadar avait annoncé ma naissance à mon père. Celui-ci se trouvait dans ce cinéma avec ma sœur aînée Clémence pour éviter qu'elle ne dérange la sage-femme Menana El Kabla. Ce jour-là, la sage-femme devait faire un tour de force, aider ma mère à accoucher et puis aider Madame Bijaoui. Ainsi en deux heures de temps Victor Bijaoui et moi nous sommes venus dans ce monde. Lorsque je vis l'heure, un frisson me traversa, c'était presque la même heure que celle de ma naissance.

Salem, que j'avais prié de s'arrêter, me voyant ému, absorbé et mon regard dirigé vers la Rohba, non seulement ne comprenait plus rien, mais encore il ne savait plus quoi me dire de crainte de me vexer. Je réitérai tout naturellement, ce que je lui avais dit avant sur les plaines et les montagnes qui étaient une partie de moi-même, il semblait maintenant me regarder d'un air soupçonneux. Je le comprenais bien, on ne voit pas souvent des Béjaois qui reviennent après tant d'années d'absence, et encore moins, d'Amérique. Il ne pouvait pas comprendre ce que la Rohba et les plaines représentaient pour moi. J'étais un enfant d'hiver et lui, qui est du sud était un enfant de l'été. Il est certain que le désert et les oasis le rendraient aussi rêveur. En effet j'avais joué souvent dans cette Rohba avant que l'on ait construit des immeubles. J'avais parcouru les plaines et les collines à pied. C'était lorsque j'avais travaillé avec l'ingénieur de l'usine électrique. Notre tâche était alors de sonder avec un instrument les places où l'on devait implanter les poteaux, qui devaient faire partie du réseau électrique national. Il n'y avait rien à voir dans la Rohba, ni dans les plaines, surtout pour quelqu'un qui n'avait aucun lien avec ces places.

 Nous étions déjà un bon moment dans la ville et je n'avais pas encore trouvé ma rue.

J'avais essayé de trouver la maison dans laquelle nous avions habité avant les bombardements de 1942, qui était dans la rue Khaznadar, dans le quartier du « Rebat ». Mon ami, qui n'était pas de Béja, s'engagea dans une rue en sens unique. Un policier nous arrêta et nous dûmes faire demi-tour avec une contravention. Mais mon ami ne voulait pas avoir de contravention et commença à argumenter avec le policier. Je trouvais que le policier avait raison et connaissant le caractère déterminé des Béjaois, je descendis de la voiture et avec un air curieux et autoritaire, je m'adressai à cet agent qui ne faisait que son devoir, et je lui dis ces paroles :

« Enti Mel Soug Larba'a Wella Mel Soug Lekhmiss ? » (Êtes-vous de Jendouba ou de Bou Salem ?) Le policier comme vexé répliqua avec un ton ferme :

« Ana Baji Hor. » (Je suis un pur Béjaois.) Quand j'entendis cela, avec mes bras grands ouverts, je dis au policier :

« Mala Khalini Nbousek Enti Bouliss Nta'ana. » (Alors laissez-moi vous embrasser puisque vous êtes un policier des nôtres.) Le policier ne comprenant pas à quoi je me référais me dit :

« Echcoun Siyatek ? » (À qui ai-je

l'honneur ?) Alors avec un sourire je l'embrassai et je lui dis :

« Ana Baji, Yehoudi Ou mel Lamerikia, Baji Hor Kifek. » (Je suis Béjaois, Juif et d'Amérique et un pur Béjaois comme vous.) Le policier était ému par mon approche, et pour ne pas lui laisser prendre l'initiative je continuai :

« Belahi Alik Ou Iaïchek Khoud Bkhatri, Samhou. » (Pour l'amour du ciel et que vous viviez, pardonnez-lui en ma considération.) Le policier s'était enfin détendu et avec un sourire soulagé me dit :

« Marhaba Bik Ya Sidi Enti Oueld Ebladi ? » (Bienvenue Monsieur, vous êtes un fils de ma ville ?) Puis il s'adressa à Salem comme d'une haute estrade de grand homme d'état et avec ces paroles en arabe il lui dit :

« A'la Ouej Khouya El Baji Ana Samahtek. » (En l'honneur de mon frère béjaois, je vous ai pardonné.) Ainsi se termina la scène du policier. Il avait l'air d'un grand seigneur, pouvant décider du sort des pauvres automobilistes en erreur.

Je n'étais pas à l'aise et j'étais même gêné car je me trouvais dans ma ville et par ce fait Salem devenait automatiquement mon hôte et je lui devais l'hospitalité et la protection. Il y a un proverbe qui dit :

« Eli Ja El Darek Akber Mel Bouk. » (Celui qui vient chez toi, respecte-le plus que ton père.) Évidemment le policier ne pouvait pas savoir que j'étais un fils de la ville, mais il savait certainement le proverbe qui dit : « Ma Yenbah Fi Darou Oucan El Kelb. » (Il n'y a que le chien qui aboie dans sa maison.) Après tout j'avais suivi les conseils de nos anciens qui disaient :

« Ma Ta'ned La Boulisse Ouwella Hkouma. » (Ne contredis ni la police ni le gouvernement.) Donc je devais prendre en considération toutes ces règles durant ce bref arrêt involontaire.

Je ne pouvais pas éviter ce détour car en mon temps il n'y avait aucun sens unique. Parquer la voiture quelque part n'était pas acceptable pour mon ami car il n'y avait pas de place libre et la ville, qui à mon temps était agréable pour la promenade ou pour faire des courses, était maintenant surpeuplée et ne permettait plus ce genre de marche sans être bousculé par les passants, du moins c'est l'impression que j'en eus. Après ce petit contretemps je ne trouvais plus nécessaire d'insister auprès de Salem et pour lui faire vite oublier cet inconvénient je décidai de prendre le premier chemin venu.

Le soleil était tout à fait au bord de la

colline, il annonçait la proche tombée de la nuit. Je craignais qu'il ne se fasse tard. Si nous devions passer par le quartier arabe, il faudrait traverser les rues à pied et je ne voulais pas non plus abuser de la gentillesse de mon hôte. Encore une fois je me pliai à la sagesse de nos vieux et décidai d'éviter le quartier arabe et de reporter cette visite pour une prochaine fois. Hélas, l'occasion ne s'est pas présentée à nouveau et je n'ai pas pu revoir ma ville depuis. Il y a un proverbe arabe qui dit :

« Ou Can Fatek El Klam Qoul Sma't. » (Si tu rates les paroles du discours, dis : « j'ai entendu ».) Et encore :

« Ou Can Fatek El Ftour Qoul Klit. » (Si tu rates le déjeuner, dis : « j'ai mangé ».)

Pendant la guerre notre maison de la rue Khaznadar avait été endommagée par les bombes et avait dû être réparée. Après les bombardements et quand le front s'était éloigné vers Tunis et Bizerte nous avions dû alors habiter une autre maison. Celle-ci est devenue ma deuxième demeure. Elle était à l'opposé de la ville, je dirais même, qu'elle était dans la dernière rue avant les rails du chemin de fer. Cette rue s'appelait la rue François Faure-Dère. Un beau nom je dirais, mais quel choix avions-nous en ce temps, papa ne cherchait qu'à caser sa grande famille. Après avoir vécu dans une grotte à la frontière algérienne pour échapper finalement aux bombardements, cette deuxième demeure nous paraissait comme un palais. Nous avions un toit sur la tête sans menace ni bombe et nous étions en vie, c'est ce qui nous importait le plus.

Salem roulait toujours et comme je ne voulais pas faire demi-tour, mais devais rapidement prendre une décision, je lui fis signe qu'il était sur le bon chemin. Il ne pouvait pas s'en douter des pensées qui traversaient rapidement ma petite tête. Evidemment j'aurais préféré visiter la maison où j'étais né, celle qui avait entendu mon vagissement, mais depuis qu'elle avait été réparée, je ne l'avais vue que quelques fois et à de rares occasions. J'avais moi-même du mal à m'orienter, car la plupart des rues avaient changé de nom. En fin de compte j'essayai de trouver un point de repère et qui serait facile à expliquer en arabe au premier passant. Ainsi, j'arrêtai un homme qui venait vers nous et je lui demandai en arabe béjaois :

« Y-A'ychek, Ouen El Langar ? » (Je vous en prie, ou est la gare ?) Il me répondit gentiment :

« Lahna. » (C'est là.) Il me montra du doigt la direction de la gare et il offrit même de nous accompagner. Depuis, nous avions perdu beaucoup de temps. En ce moment-là nous nous trouvions pas loin du silo et de l'atelier de M. Beneinous le charron. Un jour j'avais interdit à une des filles des Beneinous de jouer sur les carrés tracés par mes sœurs avec de la craie dans notre rue, j'avais à peine onze ans. Si je pouvais la revoir, je lui présenterais mes excuses, car depuis, cela m'a beaucoup peiné. Quand je vis le portail de l'atelier Beneinous, je changeai d'idée pour abréger le parcours, et renonçai alors à voir notre première maison au Rebat. Heureusement pour moi, Salem ne se doutait pas de toutes ces tractations qui se déroulaient dans ma tête.

La gare devait me servir uniquement de point de repère. Cette maison de la rue François Faure-Dère, rebaptisée aujourd'hui la rue « Mohamed Thameur » créait en moi une confusion et une angoisse. Lorsque j'habitais Béja, ils n'y avait ni voitures ni sens uniques. Les voitures et les rues à sens unique me compliquaient l'orientation. Mon ami, qui ne comprenait pas pourquoi j'avais du mal à me situer, me demanda :

« Mais c'est bien ta ville, n'est-ce pas ? »

Il avait l'air de vouloir me provoquer, je lui répondis :

« Salem, figure-toi, cela fait plus de

quarante-six ans que je n'avais pas mis les pieds ici, et puis de mon temps, il n'y avait pas de voitures, ce qui ne facilite pas les choses. »

Salem remua sa tête en signe d'accord. Une fois arrivés à la gare, je revis la maison de la compagnie Saint Frères qui fait le coin avec notre rue.

Après quelques hésitations, je revis la maison Lagana, c'est ainsi que l'on appelait notre immeuble. En face de cet immeuble habitaient les Ferrara, Vincent et François et les Vulo ; à droite de notre immeuble habitaient les Cotard, l'ancien chef de gare, et en face, mais derrière les Vulo, c'est-à-dire en profondeur, on pouvait voir la barrière de la maison de Simone Rabot.

J'ai revu les propriétaires de l'immeuble, les sœurs Lagana, Concetta et Elvire. Elles n'avaient jamais quitté le pays. J'avais entretenu avec elles une correspondance sporadique. Elles étaient âgées, mais elles me reconnurent tout de suite, quand je leur dis que j'étais Emile d'Amérique. Elles me firent visiter notre appartement qui était actuellement inhabité. L'appartement des Céda n'était pas habité non plus, celui-là avait été transformé en chapelle. Je me souviens encore aujourd'hui des deux fils Céda, Paul et Albert. Leur maman leur avait donné une bonne éducation catholique. Je les revois encore, lorsque les dimanches les deux frères, avec leurs complets bien repassés, allaient ensemble à l'église, comme des enfants sages, pourtant ils étaient des messieurs. En effet cet appartement s'adaptait bien pour une chapelle, autant plus qu'il avait été longtemps habité par des bons catholiques. Elles me firent visiter cette chapelle en me disant :

« Comme nous n'avons plus d'église, le curé de Tabarka vient une fois par semaine nous faire le sermon. » À quoi je répondis :

« C'est une bonne œuvre d'avoir Dieu auprès de soi » et je continuais :

« Et d'avoir Dieu à sa portée. » Les deux sœurs étaient contentes d'entendre ces propos venant d'un non-catholique, puis comme une pensée qui jaillit spontanément, l'une d'elles fit :

« Mais vous les Juifs, vous ne croyez donc pas à Jésus ? » Je voulais d'abord lui répondre, mais choisis de me taire car je pensai qu'elle voulait tout simplement dire quelque chose et cette remarque n'était faite que par habitude, sans aucune mauvaise intention. Je répliquai :

« Peu importe à quoi je crois, l'essentiel est que je vous aime telles que vous êtes, n'est-ce pas ce que Jésus prêchait ? »

Les deux dames souriaient gentiment. Elles ne semblaient pas donner de l'importance à ce que je disais et avec une voix douce et faible la grande me dit :

« Dieu est partout, avec ou sans église », puis la jeune ajouta :

« Nous sommes très contentes de vous voir, vous êtes un des nôtres. » Quand je les quittai, les deux sœurs me firent un geste d'au revoir. De leurs regards je discernais la joie qui jaillissait de leurs êtres et qui embellissait leurs visages. J'étais agréablement saisi par leur gentillesse et je m'éloignais doucement en disant :

« Que Dieu soit avec vous et avec votre esprit ! »

À l'heure où j'écris ce récit, j'ai appelé la mairie de Béja pour parler au nouveau maire et avoir des nouvelles sur Mesdemoiselles Lagana, mais hélas celui-ci était absent. La jeune sœur est décédée une année après mon retour. J'ai été très peiné pour elle et pour sa sœur. Je les considérais comme des membres de la famille et puis, elles étaient des témoins de mon enfance. J'avais passé un moment agréable auprès d'elles. Lorsque nous fûmes près de la voiture pour repartir, je lançai un regard furtif vers le balcon, les deux dames étaient là, debout, les deux mains tendues et nous faisaient un signe d'adieu. J'étais content de la visite mais mon cœur était lourd et triste de les laisser seules. J'espère qu'elles savaient combien notre maison et ma ville m'étaient précieuses. Elles renfermaient encore beaucoup de doux sentiments qui jaillissaient de mon cœur comme d'une source vivante.

Nous reprîmes la voiture et nous nous dirigeâmes vers la mairie et vers la place de la poste. L'église n'avait pas changé, elle était seulement réduite de son clocher et de son coq. La place de l'église avait subi quelques modifications, mais l'immeuble de la Banque d'Algérie était toujours là, ces monuments sont restés témoins fidèles de notre ancienne ville. Puis nous continuâmes vers le nord, en passant par l'ancienne école franco-arabe, à droite habitaient les Chaouat, plus haut les Fitoussi et les Saba, puis la résidence du contrôleur civil qui était devenue la résidence du gouverneur de la région de Béja ; notre école complémentaire se trouvait en face de la maison du contrôleur civil. L'école me laissait rêveur, je ne pouvais pas m'empêcher de penser au temps où j'avais été élève.

Lorsque j'étais passé à cette école, tout avait changé ; il fallait presque oublier la culture tunisienne et la culture juive. Il fallait d'abord ne parler que le français. Les différences du savoir entre élèves étaient plus clairement marquées. Les bonnes notes étaient notre pièce d'identité. Les religions que nous pratiquions à la maison passaient en deuxième lieu. Je pense que nos parents se sentaient mis à l'écart, du moins c'est ce que je pouvais ressentir par certains gestes et paroles. C'est la compétition entre élèves qui commençait. Les dimanches c'était les parades silencieuses des filles et des garçons. Celui qui savait attirer les filles gagnait le respect de ses collègues et certainement celui des filles.

Les parents ne se doutaient de rien, nous étions des enfants plus sages et plus soignés qu'auparavant. Que pouvaient-ils savoir de nos intentions et de notre nouvelle occupation ? Ils ne savaient pas ce qui se passait dans les classes. Nous changions soudain d'attitude. Ils attribuaient ce changement à la croissance.

« Mon fils est devenu un homme » (Oueldi Ouella Rajel), disaient les mères entre elles.

En réalité nous étions soudain exposés aux charmes des jeunes filles, qui étaient assises près de nous en classe et que nous croisions pendant les récréations, durant la chorale, et à d'autres occasions. Les jeunes filles aussi changeaient de caractère. Auparavant nous ne connaissons que nos sœurs, nos cousines et les amies de nos sœurs. Être assis sur le même banc qu'une jeune fille faisait partie de nos rêves utopiques. L'école élémentaire des filles était à l'autre côté de la ville et était séparée de notre école par une distance d'un kilomètre. Les garçons ne risquaient pas de sentir la présence féminine. Mon père, qui ne tolérait pas que les garçons soient assis près des filles, disait :

« Ba'ed Lahtab Menar. » (Il faut bien éloigner le bois du feu.)

À l'école complémentaire cette distance entre filles et garçons était du coup éliminée, nous nous trouvions devant ces créatures féminines tant désirées et interdites, nous voilà maintenant face à face avec nos rêves qui étaient devenus réalités, nos visages rougissaient, nous nous efforcions en vain de cacher nos mains et nos pieds qui tremblaient d'émotion, nous bavardions avec elles des sujets de classe, des sujets de tous les jours. Nous étions du coup comme en état de choc et d'hypnose, nous donnions des réponses brèves non pas par malice ou par intelligence mais par timidité. Pourtant, combien de choses voulions-nous leur dire, et je pense que les filles étaient dans le même état. Cette nouvelle situation nous rendait des élèves plus polis, plus soignés, plus gentils. Nous cherchions soudain les belles paroles, les belles phrases. Nos parents ne nous reconnaissaient plus. Sans aucun effort nous devenions pour eux les enfants qu'ils avaient tant voulu voir. Les filles aussi traversaient un certain changement. Elles se transformaient de fillettes en jeunes filles. Les nouveaux signes extérieurs ne passaient pas inaperçus aux regards attentifs et furtifs des garçons. Nous étions mieux habillés, mieux coiffés. Nous devenions généreux et très galants. Les filles sentaient qu'elles étaient convoitées, aussi elles devaient tenir compte de la présence masculine. Elles avaient de plus belles toilettes, elles étaient éperdues à l'approche d'un garçon. Leurs voix devenaient douces et caressantes, les parents devaient le sentir aussi par la bourse pleine ou pauvrette. Ces filles faisaient vibrer nos sens, mais elles nous faisaient aussi retrouver notre dignité. Puis c'était la compétition qui commençait, les garçons entre eux et les filles entre elles. La ruse et la malice faisaient leur première apparition et marquaient notre attitude. Notre nouvelle école avait fait de nous des enfants différents, au moins en apparence. Le sourire d'une jeune fille nous laissait rêveurs. Quand nous étions en groupe de garçons ce même sourire créait des petits conflits, car chacun voulait bien croire que le sourire était dirigé à son égard. Les soirs d'été les groupes de garçons et les groupes de filles faisaient le va-et-vient à Sidi Frej. Certains s'aventuraient même jusqu'à la rue des Eucalyptus. Cette promenade était en elle-même un prétexte. Le but était de croiser les jeunes filles, en espérant leur extraire un sourire ou un simple regard.

J'avais des amis français, italiens, espagnols, musulmans et juifs. Je suis resté très sensible au sort de ces amis avec qui j'avais grandi. Le fait qu'ils sont de ma génération les rend précieux, car ils sont une partie de mon enfance, que je considère la plus belle et la plus douce. Qu'y a-t-il de plus beau que l'enfance ? À mon avis, elle est ce qui se rapproche le plus de la vérité et de l'innocence. En tunisien on dit :

« Ya Saadek Ya Saad Enyia. » (Chanceux toi qui est innocent.) Si les jeunes d'aujourd'hui pouvaient observer notre enfance, ils se moqueraient bien de nous. Nous étions naïfs et innocents. C'est bien le charme des jeunes. Mais peu importe ce que les autres pensent de nous. Nous avons réussi à créer des familles heureuses. À la seule pensée de ces promenades nous sommes restés joyeux comme des enfants.

Malgré notre attitude et nos connaissances, j'étais quand même sensible à la dignité de nos amis musulmans qui étudiaient avec nous. Plus d'une fois notre maîtresse pour un rien faisait des reproches inutiles à mon ami musulman. Je lui en voulais, car d'une part elle nous enseignait l'égalité, mais d'autre part la discrimination envers les Juifs et les Arabes était bien visible et n'avait pas l'air de la déranger.

Salem conduisait toujours, à ma droite je pouvais à peine entrevoir la rue qui menait à la maison des Bellaïche et des Zakini. Là aussi j'avais passé des beaux moments. Salem suivait poliment mes instructions, puis on atteignit la hauteur de Piccola Sicilia, où résidaient tous mes amis italiens, Madonia, Farina, et tant d'autres. De là, une nouvelle route traversait pour rejoindre par le nord la route de Tunis. La Kasbah se trouve à droite, sur la route de l'hôpital et toujours vers le nord de la ville. La Kasbah, l'ancienne forteresse romaine qui était le point le plus haut de notre ville était toujours là, gardienne fidèle de notre chère ville depuis bien des siècles, un vrai poste d'observation me disais-je. De là-haut notre ville s'étalait petit à petit jusqu'aux plaines. À Ramadan, c'est de là que le canon annonçait la fin de la journée de jeûne pour nos compatriotes musulmans. Nous profitions alors des gâteaux, comme la zlabia, le m'kharek et d'autres gâteaux au miel. Chaque fête était une bonne occasion pour nous réjouir.

Aujourd'hui Béja était devenue plus large et plus peuplée. Ce qui était l'ancienne ville est resté la même. Je n'eus pas le temps de revoir E'in Esemch, le quartier où mes arrière-grands-parents vivaient. Certains y habitaient avant même l'arrivée des Français.

Heureusement que Salem ne lisait pas mes pensées, en effet j'étais très content d'un côté de revoir un passé si lointain et pourtant tellement proche, mais à l'intérieur de moi-même une certaine tristesse se faisait à nouveau sentir, je m'efforçais de cacher ces sentiments, car je trouvais que Salem et les habitants de Béja n'y étaient pour rien. C'était l'absence des personnes que je connaissais et qui n'y étaient plus, comme les cousins, les tantes et les oncles, les amis et les élèves de mon école, les voisins, en un mot tout un monde que j'avais connu en mon temps et qui n'y était plus. Tout le long de la route cette pensée m'accaparait, mais je la gardais étouffée dans le fond de mon cœur, afin de ne pas gâcher la joie innocente de Salem, qui s'efforçait de me rendre ce voyage agréable. Je me disais qu'en effet c'est notre destin qui est ainsi et je faisais mon possible de ne pas attribuer la responsabilité de ce sort à quiconque.

## LA BEAUTÉ DE BÉJA

Mon hôte Salem avait une patience extraordinaire. Je m'arrêtais à chaque coin pour observer une maison ou une autre. À un moment donné j'oubliai mon âge et je me revis enfant. Salem, me voyant ainsi, me dit en arabe :

« Belahi, Enti A'chek Fel Leblad Hadi ? Echnoua Ezin Feha ? » (Pour l'amour du ciel, vous êtes amoureux de cette ville ? Quelle beauté a-t-elle ?) Je lui répondis :

« El Khanfouss Fi E'n Omou Ghzal. » (Le cafard dans les yeux de sa maman est une gazelle.) « La beauté de Béja ne se découvre qu'à ses enfants ; c'est une beauté secrète qui est cachée dans le cœur de chaque Béjaois et renferme des trésors sacrés. » Et je continuai : « Béja n'a pas qu'une beauté. » Il avait du mal à me suivre. Je lui expliquai :

« Ce sont les gens qui l'habitent qui font sa beauté ; chaque génération voit une autre beauté, c'est justement ce qui nous lie les uns et les autres et nous fait ce que nous sommes. » Salem remuait sa tête en signe de désaccord, puis j'ajoutai :

« Est-ce que vous ne ressentez pas la même chose pour la ville qui vous a vu naître ? » il me répondit avec un léger sourire :

« Je n'habite plus ma ville », puis, il reprit à nouveau la parole pour me dire :

« Je m'excuse, vous avez bien raison, évidemment que j'aime ma ville. » Salem se rendait sans doute compte qu'il était après tout, l'hôte. Je voyais que ce genre de dialogue n'aboutissait à rien, je me tus.

C'était une sensation très agréable, une douceur continue. Elle était incompréhensible à mon ami, il faut ajouter que les Béjaois sont simples et aimables mais ils sont parfois durs et d'une grande volonté. Quand nous voulons quelque chose, rien ne nous arrête, ce qui fait de nous « de purs Béjaois » « Bajya Hrar. » J'avais eu ces impressions lors de ces courts arrêts pendant lesquels j'entretenais des petites conversations avec les habitants. J'avais gardé ces souvenirs vivants. Salem conduisait toujours la voiture, je ne faisais plus attention à la route.

Chacun de mes interlocuteurs que j'arrêtais pour demander une rue ou une place, lorsqu'ils entendaient mon accent, me demandaient d'où je venais et je répondais par :

« Devinez ! » À quoi, la plupart répondaient

avec un sourire aimable et innocent :

« Votre accent est béjaois, mais votre visage m'est inconnu. » Dès que je leur disais que j'étais un Béjaois, ils répondaient par :

« Echkoun Siyatek ? » (À qui ai-je l'honneur ?) Je leur disais :

« Ouweld Baja. » (Un fils de Béja.) À ces mots, ils m'embrassaient comme un membre de la famille et m'invitaient aussitôt à la maison. Mon hôte n'en revenait pas du tout, de voir une si chaleureuse hospitalité. Il commençait à s'inquiéter, car il craignait que finalement je cède et accepte une invitation, chose que j'aurais faite naturellement, si Salem ne m'avait pas invité avant.

## LE SALUT

Lorsque je quittai Béja, il se faisait un peu tard, le soleil se rapprochait déjà de la fin de son parcours, puis, petit à petit il plongeait derrière les collines et laissait derrière lui une lueur rougeâtre. Cette couleur à l'horizon me rappelait les dires de mon père :

« Ella Hamret El A'chya Hot Ezweilek A'lla Coul Etnya. » (Si le ciel est rougeoyant le soir mets tes chevaux sur tous les chemins.) Et :

« Ella Hamret Esbah Hot Ezweilek Ouertah. » (Si le ciel est rougeoyant le matin, attache tes chevaux et repose-toi.)

Me basant sur ces proverbes, je pouvais escompter que le lendemain il ferait beau. De ce fait, l'envie de quitter ma ville me manquait, mais quoi faire, j'étais l'invité de Salem et comme je connaissais les règles musulmanes :

« Deif Enabi Tlata Yem » (L'invité du prophète c'est trois jours) et que mon père disait :

« Ela Hlat Qoss » (Quand cela devient agréable coupe court), je me pliais donc à la loi du prophète et aux paroles de mon père.

Soudain je me suis souvenu de notre voisine Hèdia. Après la guerre je lui rendais spontanément visite de temps à autre. Après la mort de sa mère elle était restée seule avec son frère. Ce dernier n'avait pas tardé à se marier. En finale Hèdia était restée célibataire. Le jour de mon départ, je ne pouvais pas oublier cette voisine qui était plus jeune d'âge que ma maman, donc sans le dire à personne, je lui avais rendu visite et j'avais partagé avec elle mon secret de voyage. Plus tard elle avait rencontré ma maman, mais elle ne lui avait jamais raconté de ma visite ni de mes secrets. Les seules paroles que Hèdia m'avait données, étaient :

« Eba'd Menar Ou Rodbalek A'ala Nefsek » (Eloigne-toi du feu et fais attention à toi-même) et « je prierai pour toi, mon fils ». Maman me racontait qu'elle avait été amie avec Hèdia avant même que je naisse. C'est elle qui me tenait dans ses bras lorsque j'étais bébé et lorsque maman était occupée à faire le linge. Comment puis-je oublier des êtres pareils ? Je prierai pour Hèdia et pour son bien-être, qu'elle soit en vie ou dans l'au-delà, mais j'espère qu'elle pourra un jour lire ce livre et ces paroles :

« Chère Hèdia, tu as su aider ma maman dans son jeune âge et tu m'a cajolé lorsque je n'étais même pas conscient de moi-même et de la vie, alors que toi-même tu étais encore une enfant. Aujourd'hui je te dis : 'J'ai écouté tes conseils et je suis en Amérique et tu seras toujours la bienvenue chez moi'. Ma maman, avant de mourir, m'avait tant dit du bien de toi, ce qui ne m'étonnait pas du tout, car tu as su me traiter comme on traite un être humain. Tu étais musulmane et tu ne m'a jamais traité autrement que comme ton fils, alors que moi j'étais juif. Tu me disais toujours 'Ya Oueldi' (mon fils). Comment puis-je oublier ta tolérance, ta gentillesse et ta tendresse ? Tu as été ma marraine. À mon tour, comment puis-je faire la distinction entre juif et musulman ? Par tes actes tu as su adoucir mon cœur pour ma ville et ses habitants. À mon tour je te dis : 'Que Dieu bénisse ton âme, Ya Omi' (Maman). » Puis, du fond de mon cœur je dis :

« Grand merci à Vous, Forces Sacrés de m'avoir créé la possibilité de revoir ma ville » et je fis signe à Salem de continuer. Notre voiture grimpait la route avec un soupir lourd, elle gravit la pente jusqu'en haut de la colline, puis elle sembla ralentir et son moteur fit un soupire alarmant. J'avais le sentiment que quelque chose freinait la voiture et voulait me retenir sur cette place. Le soleil descendait plus profond. Puis il disparaissait entièrement. Une tristesse calme s'installa dans mon âme comme lorsque papa nous avait quittés et avant de commencer la descente, je priai Salem de carrément s'arrêter à nouveau car de ce point bien élevé je voulais jeter encore un regard sur notre ville.

De là-haut je pouvais voir d'un côté le paysage silencieux avec ses plaines vertes et ses collines ondulées, de l'autre côté notre ville avec ses toits rouges et ses terrasses blanches en forme d'escaliers qui me paraissaient comme une géante peinture. Puis en un clin d'œil je vis comme s'il y avait un drap blanc étalé qui couvrait tout ce qui était devant moi jusqu'au bas de la colline. L'église émergeait comme une sentinelle dont la pointe de l'épée aurait été brisée par l'usure. Je voyais aussi le toit de la maison Sabah qui portait le nid des cigognes, je cherchais ma maison de la rue Khaznadar, mais celle-ci se confondait dans le blanc des terrasses et des rues escarpées et étroites de la ville arabe. Ma première demeure perdait son identité physique mais sa présence émergeait du fond de mon cœur et de ma mémoire, comme si les souvenirs voulaient me dire « nous sommes encore là ». Ils émergeaient d'un monde lointain et m'envahissaient. Ils me trempaient dans un sentiment vivant et agréable qui me traversait comme un doux courant électrique. J'avais des frissons agréables et continus. Ce sentiment agréable semblait remplir mon être d'une douceur, de sorte que j'aurais voulu rester longtemps à la même place, mais mes yeux regardaient Salem qui était à côté, il me lançait un regard silencieux qui voulait me dire : « je te comprends ». Tout en observant ces maisons je me disais :

« Celles-ci avaient abrité des générations entières, si elles pouvaient parler, elles nous raconteraient les histoires de chacun de nos arrière-grands-parents et de leurs amis ». Ces pensées me parvenaient encore comme un agréable parfum, peut-être pour que je me souvienne de leur vie avec nous. Puis tout un monde venait à moi, des visages que je n'avais plus vus se présentaient l'un après l'autre, comme pour me dire :

« On te connaît. » Sans même pouvoir me rappeler de leurs noms, il me semblait qu'ils étaient tous très proches, comme si nous étions une seule famille. Je me sentais le devoir de rester encore un moment et à mon tour de les saluer humblement. On ne voyait que les reflets du soleil qui était de l'autre côté de la montagne. J'observais aussi avec beaucoup d'amour et de regret cette ville qui fut une fois le nid de toute ma famille et le berceau de notre jeune âge, ces milliers de visages qui sortaient de ces toits blancs comme des étincelles qui montaient continuellement vers moi. Je disais :

« Adieu à tous ceux qui ont vécu dans cette adorable ville, quels que soient leurs noms, leurs origines ou leurs religions. »

C'étaient eux les principaux acteurs de cette douce et paisible cité ; c'étaient eux qui animaient notre ville, c'est leur éducation qui a fait de nous ce que nous sommes. Leur sagesse, leurs conseils et leurs prières nous suivent partout là où nous sommes. Ils nous protègent encore aujourd'hui avec leur amour magnanime. Par leur mode de vie et leur exemple ils nous tracèrent le chemin qui nous guide encore vers la vie de demain et par-delà.

De cette haute place je regardais notre humble et paisible cité et comme dans un songe très vivant et même vibrant je revoyais les parachutistes de l'avant-garde anglaise qui descendaient. La lumière du jour s'amenuisait ; je jetai encore un regard d'aigle sur ce tableau pittoresque qui m'annonçait la fin du jour et je dis :

« Salut à nos instituteurs, salut à nos rabbins, salut à nos curés, salut à nos medebs et encore à nos chers parents. » Puis j'observais les lueurs rouges qui s'amoindrissaient et se confondaient avec l'obscurité qui venait pour prendre leur place. J'ajoutais :

« Vous êtes les héros, vous avez su nous inculquer l'amour, le respect et la tolérance envers nos prochains, vous nous avez enseigné l'accueil et l'hospitalité envers l'étranger et enfin, vous avez ancré en nous le courage et l'audace pour les devoirs de demain. » De là-haut et d'un regard solennel j'embrassai et je remerciai toutes les femmes de Béja, vieilles et jeunes pour tout l'amour dont elles nous avaient enveloppés depuis notre tendre âge avec des mots simples comme :

« I A'yech Weldi » (Que Dieu te garde, mon enfant), « Smalla alik » (que le nom de Dieu soit avec toi). Ces paroles sortaient naturellement de la bouche de chaque maman. Elles nous avaient voués à une vie simple, saine et limpide. Elles avaient joué un rôle important et déterminant dans la formation de notre caractère et de notre santé, elles avaient su nous apprendre le respect des pères, des personnes plus âgées et des voisins. Ce sont encore elles qui avaient adouci nos impulsions juvéniles et nous avaient enseigné la patience par leur exemple. Elles nous disaient souvent :

« Bessiassa Ya Weldi. » (Avec sagesse et avec du calme, mon fils.) Ou alors elles nous disaient :

« Sa'ed Nefsek » (Sois bon avec toi-même), ou encore :

« Allah Yehdik. » (Que Dieu te calme.) Etions-nous conscients de ces belles paroles ?

Calme, patience, sérénité et pardon (savoir pardonner) ne sont-ils pas les paroles de sagesse de la vie ? Par leur silence et leur calme elles voulaient nous rendre conscients de la force latente qui est en nous et qui évolue avec notre âge et nos expériences. Elles nous disaient aussi :

« Esbar, Allah Kabir. » (Patience, Dieu est grand), qui veut dire : aie confiance en le lendemain. Elles savaient nous habituer à garder constamment notre espoir vivant en l'avenir. En quelque sorte elles ont ancré la foi dans notre cœur et le devoir du travail quotidien. Elles disaient :

« Peu importe le travail que l'on fait, l'essentiel est de le faire avec amour et conscience. » Que le salaire soit gros ou petit ne compte pas, car le travail en lui-même forge notre esprit endormi. Elles disaient aussi :

« Akhdem Berial Ou Hasseb El Batal. » (Travaille pour un rial et fais le compte avec le chômeur.)

À travers les bons plats qu'elles nous offraient, elles ont su nous initier avec beaucoup de soin et de gentillesse au goût et à la valeur de la vie. Elles savaient nous écouter avec beaucoup de patience, sans nous interrompre, et par ce simple fait seulement, elles nous avaient appris l'amour et le respect de la femme. C'est à travers nos mamans que nous voyons nos femmes. Elles nous ont enseigné le pardon avec le simple mot :

« Samhou Ya Weldi » (pardonne-lui, mon fils), ou tout simplement :

« Esmah. » (Pardonne.) Peut-on encore oublier nos grands-mères et toutes les vieilles dames qui vivaient parmi nous et dans nos familles ? Elles avaient aussi leur petit mot à dire. Ce sont elles qui intervenaient pour rétablir l'ordre si celui-ci était perturbé pour une raison ou pour une autre. Elles prenaient sur elles la responsabilité d'une action qui déplaisait à nos parents pour nous protéger. Et quand nous étions malades c'était encore ces vieilles qui restaient assises aux pieds de notre lit sans dire un mot. Leur présence nous guérissait, sans savoir pourquoi et comment. Voilà encore un témoignage de notre mode de vie que nous aimions. Ce sont peut-être leurs prières silencieuses qui dirigeaient et attiraient la force de l'amour vers nous.

Je pensai à mes cousins, à mes cousines et à mes amis qui sont dispersés un peu partout dans le monde, puis, je priai dans mon for intérieur, pour les parents, qui nous avaient quittés. Ensuite je songeai avec amour à tous les Béjaois sans oublier les Bédouins qui animaient notre ville les jours de fête et les jours de marché. Ces Bédouins représentaient la base de l'économie de notre ville et ils faisaient en même temps partie de notre enfance. Leur présence les jours de marché créait une ambiance humaine dans nos rues. Certes ces braves bonshommes étaient simples, mais ils renfermaient en eux une innocence sacrée. Ils n'avaient jamais quitté notre sol natal malgré toutes les conquêtes des différentes forces étrangères, dont certaines avaient peut-être laissé leurs empreintes physiques sur eux mais n'avaient jamais réussi à les convertir ni à les transformer, puisqu'ils sont restés les Bédouins fidèles à notre terre. À eux j'adresse un message tout particulier et chaleureux :

« Vous êtes les vaillants gardiens de notre

terre. »

« Vous avez fidèlement veillé notre berceau et nos merveilleuses demeures. »

« On vous trouve partout dans les collines, sur les champs, aux alentours de notre cité. Ni les conquérants, ni les religions ne vous ont détournés de vos devoirs, vous avez résisté depuis des siècles. Ni la pluie, ni la neige, ni le vent, ni le froid, ni toutes les tempêtes, ni votre peau brûlée par le soleil ne vous ont empêchés de labourer et de cultiver notre terre depuis des siècles. Vous avez passé à vos descendants de génération en génération vos principes et vos lois, qui ne respectent que l'homme lui-même ; vous avez mérité notre respect et notre admiration. Hélas, parmi tous les régimes qui passèrent par notre pays, personne ne vous avait demandé votre avis, vous êtes là, toujours fidèles à la terre de nos ancêtres. »

Je restai immobile et en silence pour un bon moment, je rendais ainsi hommage à tout ce monde d'alors et à tous les enfants de Béja là où ils se trouvaient. L'odeur des classes et des jeunes enfants innocents mélangée à celle des ruelles, me parvenait du centre du Rebat, de Bab El E'in, de E'in Esemch, de Sidi Frej, ces quartiers englobaient alors des générations.

Ils englobaient un monde entier. Des diverses ethnies vivaient en harmonie derrière ses vieux murs. Ces souvenirs très vivants alimentent encore mon âme et mon esprit d'une chaleur et d'une douceur de vie que je ressens de temps à autre à travers les années et à travers les distances incommensurables. Combien de mémoires sont restées isolées et éparpillées à travers le monde comme des âmes perdues dans les ténèbres, mais dont les rayons d'une lumière éblouissante nous parviennent de très loin pour nous dire :

« Ne m'oubliez pas, Ana Baji, Ana Bajia, Ana Khoukem, Ana Ekhtkoum. » (Je suis Béjaois, je suis Béjaoise, je suis votre frère, je suis votre sœur.) Ces sentiments et ces mémoires s'unissent ensemble pour créer la beauté de ma ville et de ses enfants. Les mémoires et les souvenirs qu'elle renferme sont ses trésors cachés.

Cette beauté appartient aussi à l'enfance qui fait jaillir de nous-mêmes un flot de bonté, qui fait vibrer nos sens. Elle nous adoucit et agrémente notre vie tout le long de notre chemin. C'est bien notre terre qui nous unit et nous dévoile à nous-mêmes et à tout le monde, c'est bien cette cité qui est la source de notre mémoire qui nous rapproche de notre conscience et nous reconduit à nous-mêmes au moment du réveil. Amen ! Au nom de nos pères. Je disais dans mon cœur : « Yerham Hem » (Que Dieu bénisse leurs âmes). C'est alors que je fis signe à Salem de continuer le chemin :

« Allez-y ! » Il me regarda calmement comme si je sortais d'une synagogue, d'une mosquée, d'une église ou d'un temple sacré. Son regard était constamment dirigé vers mes yeux comme s'il détectait un changement dans mon visage, puis il me dit :

« Ça va ? Voulez-vous boire quelque chose ? » Je me sentais en effet comme si je me réveillais d'un profond rêve, qui me remplissait d'une nouvelle énergie d'amour due à tout ce que je venais de vivre et de sentir.

## LE RETOUR À TUNIS

Salem mit le moteur en marche et nous voilà sur la route qui descend la colline pour rejoindre la route qui nous mène vers Tunis. Nous roulâmes un moment et de là-haut j'aperçus un lac, que je n'avais jamais vu auparavant. D'abord je croyais que c'était un mirage, étant donné que dans les alentours de Béja il n'y avait aucun lac et que de par mon expérience du désert du Sinaï, j'avais vu plusieurs fois des lacs qui miroitaient de loin et qui s'éloignaient quand je m'approchais avec ma jeep. Mais comme la vue du lac persistait au fur et à mesure que notre voiture avançait, j'étais un peu confus, quoique je n'osasse pas encore le dire à Salem, car il me semblait qu'il était assez troublé par ma façon de voir les plaines, les collines et les maisons. Je cherchais maintenant une façon plausible de lui présenter ma découverte sans me ridiculiser. Si je lui disais que je voyais un lac ! Il attribuerait cela à un coup de soleil ou à la fatigue du voyage. Moi-même je croyais sincèrement que je rêvais et comme je ne voulais pas l'inquiéter, je décidai de lui annoncer la vue de ce lac sous une autre forme. Puis tout calmement je lui dis :

« Salem, je me sens mal. » Salem se sentait responsable ; il me regarda d'un air inquiet et me dit :

« Esmallah Alik. » C'est le raccourci de « Besm Allah Alik. » (Que le Nom de Dieu te protège.) Puis il continua :

« C'est sérieux ? » Je répondis :

« Ça doit être même grave ! » Puis je continuai :

« Imaginez-vous, je commence à voir un lac dans la vallée. » Salem, comme un enfant, avec un sourire innocent, me dit :

« Mais c'est le nouveau barrage ! » Moi, tout étonné je lui dis :

« De quoi parlez-vous, il n'y a aucun barrage dans les alentours de Béja. »

Salem tout confiant en lui-même ajouta :

« Mais vous n'êtes pas au courant ? » J'étais totalement confus et ne savais plus à quoi il se référait ; je lui dis :

« Voulez-vous m'expliquer à quoi vous vous référez ? » Salem continua avec un sourire gracieux, me regarda dans les yeux et me dit :

« Êtes-vous sérieux, vous n'êtes pas au courant que nous avons construit un barrage pour retenir les eaux des montagnes ? » Je me sentais un peu rassuré, car il parlait d'un ton sincère et je commençais à le croire puisque la voiture se rapprochait et je commençais en effet à voir un vrai lac. Puis je lui dis :

« Salem, en effet je vois que c'est vraiment un barrage, honnêtement, je craignais avoir abusé de mes forces et commencer à avoir des hallucinations, car, quand j'ai quitté Béja ce lac n'existait pas. »

Ensuite, pour clarifier les choses je le priai de s'arrêter ; ce lac était créé par un barrage qui avait été construit durant ma longue absence. Puis je souriai aussi en disant :

« Salem, vous voyez, les Béjaois n'auront plus besoin d'aller sur les plages des autres ! Maintenant, Béja a sa propre mer. » Salem fit à nouveau un sourire. Il semblait être lui aussi satisfait de la journée.

Lorsque nous étions jeunes nous allions au Pont Cinquième en cachette de nos parents pour nager dans l'eau douce de la rivière. Le Pont Cinquième, est lui-même un honnête témoin de nos exploits de jeunesse, c'était notre Olympiade, les meilleurs devaient plonger de si haut dans la rivière. Je me souviens d'un ami musulman, il était le seul capable de plonger droit comme un plomb. Aujourd'hui il aurait gagné la médaille d'or aux jeux olympiques. Nous, les enfants d'alors, étions les seuls témoins de ses exploits. Nous gardions ces excursions pour nous-mêmes et aucun de nous n'avait jamais dévoilé ce secret aux grands, car les parents ne devaient pas le savoir. Effectivement, je trouvais ce lac très beau. Si nous avions eu ce lac alors, il aurait pu prendre une place plus importante dans ce récit. Les montagnes qui bordaient le lac lui donnaient une forme naturelle. J'avais passé un bon moment à observer la création de l'ère moderne. Comme s'il lisait mes pensées, Salem me dit :

« Ce sont les Russes qui l'ont construit. » D'un air nonchalant je répondis :

« Peu importe qui l'a construit. Ce lac est là pour rester, je l'espère du moins. » En général je n'aime pas les barrages, ils présentent quand-même un risque pour les générations qui viennent, s'ils ne sont pas bien entretenus et bien surveillés. Et pensant aux excursions d'alors je me suis dit : « Nos excursions et nos exploits auraient pris d'autres formes ».

Salem ne connaissait pas mes pensées et il n'avait pas l'air de les déceler.

## LA SURPRISE

Le ciel du mois de janvier était clair et pur, nous étions seuls sur la route, l'horizon était loin, notre voiture semblait avaler la route de goudron noir. Cette fois-ci le moteur tournait et ne semblait pas faire d'efforts, la chaleur de midi commençait à laisser la place à la fraîcheur du soir.

Salem observait silencieusement la route et avait l'air penseur. Le voyant ainsi je me retirai en moi-même, ruminant les sentiments et les souvenirs que je venais à peine de revivre dans cette courte journée. Celle-ci avait été chargée de tout. Elle venait de ressusciter des êtres et des images que je croyais perdus à jamais, lorsque soudain le téléphone dans la voiture sonna. Je pouvais entendre toute la conversation par le petit haut-parleur. Des amis de Salem étaient au bout du fil, une voix disait :

« Ha, Ouenek ? » (Ou es-tu ?) Salem répondit :

« Fi Tniet Baja. » (Sur la route de Béja.) La voix qui venait du téléphone semblait être étonnée et fit :

« Sali A'nabi ! Ech Ta'amel Fi Baja ? » (Béni soit le prophète ! Mais qu'est-ce que vous faites à Béja ?) comme pour dire : « Mais vous, qui êtes de la Marsa, qu'est-ce que vous faites dans un bled comme Béja ? » Quoique la distance ne soit que de 100 km, les Tunisois considèrent Béja comme un simple village qui fournit du blé et des melons. C'est du moins mon interprétation. Salem qui ne voulait pas, sans doute, donner plus de détails à la voix qui nous parvenait de loin, répliqua :

« Ha Haka » (C'est comme ça), puis, la personne au téléphone lui demanda ce qu'il faisait le soir. Elle voulait l'inviter à une soirée orientale, pardon, « tunisienne », à la Soukra, pour fêter l'anniversaire de l'ancienne Miss Tunisie, venue paraît-il spécialement de Paris. J'étais bien satisfait de ma journée. J'avais eu l'occasion de plonger dans le passé et dans les souvenirs. La journée s'était déroulée comme je l'avais espéré. J'écoutais la conversation qui se tenait en tunisien sans curiosité aucune. Mon hôte répondit gentiment, qu'il ne pouvait pas venir à cette soirée, car il avait avec lui un invité béjaois, juif, américain, qui avait aussi son anniversaire. La voix qui venait des haut-parleurs du téléphone répondit :

« Il doit être intéressant à connaître », puis un moment de silence et la voix continua :

« Nous vous rappellerons dans quelques minutes. » Sans doute voulaient-ils se consulter avec l'hôte de la soirée ou peut-être avec Miss Tunisie elle-même. Ne voulant pas gâcher la soirée à Salem et afin de lui alléger la décision, je lui dis :

« N'insistez pas, allez seul, moi j'ai eu ma journée, et quant à la réservation du restaurant vous pouvez l'annuler. » Alors que nous discutions, le téléphone sonna à nouveau et d'une voix gaie la personne dit :

« Salem, Esmaa, Houa Baji ? » (Salem, écoutez, est-ce qu'il est Béjaois ?) Salem répondit :

« Hey ! » (Oui) et la voix qui venait des haut-parleurs disait :

« Marhaba, Jibhou Ma'k. » (Bienvenue, emmenez-le avec vous.) Les amis avaient ensuite prévu avec Salem de venir nous rejoindre à la Marsa où mon ami habitait. Ils avaient convenu qu'ils arriveraient avec leurs amis vers dix heures du soir pour nous montrer le chemin vers la Soukra où la soirée devait se tenir. Nous arrivâmes à la maison de mon ami. Nous nous débarbouillâmes un peu le visage pour nous rafraîchir du voyage. Nous prîmes ensuite un sandwich, juste pour tenir le coup jusqu'au dîner. Il était à peine huit heures du soir. Nous avions encore deux heures de temps devant nous. Salem qui avait conduit toute la journée, s'excusa et monta au premier étage pour se reposer un peu. Je profitai de ce moment pour sortir et respirer l'air de la Marsa que je connaissais à peine de mon jeune âge. En effet je pensais avoir assez de temps pour faire un petit tour à la Marsa. Dehors il faisait un peu sombre et je craignais de me perdre. Honnêtement je ne me souvenais pas des rues, mais je m'aventurai quand même dans l'obscurité, avec l'espoir de retrouver le puits du Saf-Saf avec le chameau qui tournait autour du puits et faisait monter de l'eau. Quand j'étais gosse, cette visite au puits était une aventure. Mon père m'avait amené à ce puits en me disant :

« Bois cette eau, tu vas avoir faim. » J'étais très maigre et ce fait inquiétait mes parents et surtout que je n'avais pas assez d'appétit. Dans le fond je n'avais certainement pas besoin de tant de nourriture, mon état de santé était parfait. J'avais du mal à trouver le puits. Après quelques tentatives, je finis par me convaincre que je devais remettre la visite au puits pour plus tard.

Puis, comme pour me consoler, je me disais :
« Aujourd'hui, ce n'est plus l'appétit qui me manque ». Je fis demi-tour et repris le chemin qui m'amena à la maison de Salem.

## LA HAFLA (SOIRÉE TUNISIENNE)

Des pensées sur la vie de mes ancêtres défilaient l'une après l'autre, alors que je me promenais la nuit dans les rues de la Marsa. Je me trouvais du coup à nouveau devant la maison de Salem. La distance qui me séparait de ma famille me pesait aussi. Pourtant j'aurais voulu rester plus longtemps à Béja et en Tunisie mais le souci de l'éloignement de ma femme et de mes enfants ne me laissait pas me réjouir de cette belle journée. J'espérais y revenir un autre jour pour circuler et flâner un peu partout comme dans le passé.

Il était déjà presque dix heures du soir quand j'ouvris la porte de la maison. Salem semblait dormir encore, il n'était pas descendu du premier étage. Vers dix heures et quart plusieurs voitures arrivèrent et firent un bruit qui finit par réveiller Salem de son profond sommeil. Il descendit avec son pyjama et à moitié endormi, il me dit :

« Je n'ai plus l'envie de me rendre à la soirée » et tout en bâillant il s'étirait les bras pour un moment puis d'une voix gutturale et ensommeillée il me dit :

« Que pensez-vous, on y va quand-même ? »
J'étais aussi fatigué de la journée, mais croyant que cette invitation n'était pas un simple hasard, je lui répondis :

« Oui, on y va. Puisque nous avons attendu jusque-là, et puis c'est une occasion unique. » Salem n'était pas tellement enchanté de ma réponse, il fit :

« Brabi Fek Aalina ! » (Pour l'amour du Ciel, laissons tomber !) J'étais presque d'accord avec lui, mais malgré la fatigue je sentais qu'une force me revigorait et je me disais :

« Emile, cette soirée est justement planifiée pour ton anniversaire. » J'avais l'impression que ma terre natale voulait me réserver le meilleur accueil, puis, comme si une nouvelle énergie m'était injectée, je repris des forces toutes fraîches, j'étais propulsé de ma chaise, et comme sur un ordre, je lui dis :

« Salem, Yalla Nemchiou, Hadi Mektouba Messmà. » (Salem, on y va, cette soirée est inscrite dans le ciel.) Mon ami n'en revenait pas. Il me regardait toujours indécis avec ses yeux alourdis de sommeil, mais avec un sourire et d'un air comme s'il se résignait au destin, il me répondit :

« Haya, Ya Sidi, Mnih, Nemchiou. » (Bien, mon cher, on y va.) Les amis nous attendaient dehors avec impatience ; un jeune parmi eux finit par entrer à la maison et fit :

« Yalla Ouen Kem ? » (Alors où êtes-vous ?) En effet sa présence donna un peu d'énergie à mon ami, qui n'était pas tellement chaud pour partir. Du coup il changea de ton comme si c'était lui qui les attendait et de l'escalier il dit à ce jeune qui écoutait :

« Ourabi Nestanaou Fikem. » (Ma parole on vous attendait.) Et je ne sais pas comment il fit qu'en quelques minutes il descendit habillé et peigné et ayant l'air comme si vraiment il les attendait depuis un bon moment.

Quelques minutes plus tard nous étions en voiture, nous roulions à la queue leu leu, chaque voiture klaxonnait comme pour un jour de mariage. Je ne pouvais même pas me rendre compte où nous étions et où nous allions et voilà que nous nous trouvions après une courte distance devant plusieurs villas. On se serait cru aux environs de New York. L'air seul était différent et l'atmosphère qui enveloppait tout ce monde me remettait dans l'ambiance tunisienne, qui m'était familière.

Nous fûmes conduits dans une villa

majestueuse, l'orchestre, les chanteurs, les chanteuses et les danseuses étaient déjà en pleine action. À l'entrée, la porte était toute grande ouverte et le rythme de la musique tunisienne commençait à chatouiller mes oreilles. Mes articulations qui avaient été immobiles en voiture depuis le matin, commençaient à bouger au rythme de la musique, comme si je reprenais un nouveau souffle de jeunesse. Cela faisait bien des années que je n'avais pas vu un orchestre tunisien. J'avais oublié mon âge et la fatigue de la journée. Je voulais entrer dans la danse comme si je n'avais jamais quitté la Tunisie. Les amis qui nous avaient invités, me recevaient avec un « Marhaba » (bienvenue) chaleureux. S'il y avait encore une hésitation quelconque, avec cet aimable accueil, je me sentais enfin à l'aise. La soirée n'en était qu'à son début. J'aurais encore l'occasion de danser plus tard, me disais-je. Après que je me fus trempé dans l'ambiance, je me sentis enfin prêt à rentrer dans la danse. Les gens qui étaient là ne me connaissaient pas, mais cela ne changeait guère leur hospitalité. L'accueil était si aimable, que je me sentais comme quelqu'un qui rentre d'un pèlerinage prolongé de quarante-six années. À mon agréable surprise j'avais trouvé parmi les invités deux sœurs de ma ville dont l'une avec son mari. Il y avait aussi des Italiens, peut-être deux Juifs, et des Français tunisiens. Au fond, nous étions la plupart des enfants du pays. La nouvelle génération avec laquelle j'avais cru ne pas avoir d'affinités du fait qu'elle n'avait pas connu de Juifs et n'avait pas grandi avec les communautés de mon temps semblait être aussi accueillante. Elle avait gardé les mêmes mœurs et les mêmes politesses tunisiennes que j'avais connues durant mon enfance. Je retrouvais la joie et l'ambiance que j'avais laissées dans le temps mais je sentais l'absence de certaines communautés qui en mon temps créaient une ambiance unique. Ces jeunes ne savaient rien de ce qui se passait dans ma tête, et je ne leur en voulais pas car tout le monde était victime des événements qui avaient bouleversé toutes les communautés. J'essayais de garder le rêve et les sentiments du passé pour moi-même et je continuais à jouir de cette agréable soirée. Tout me revenait comme si je n'avais jamais quitté la Tunisie. Je ne pensais pas revoir à nouveau cette atmosphère. Seuls mes amis, qui avaient grandi avec moi, pourraient me comprendre ou saisir les sentiments que je ressentais. Cette soirée avait ajouté quelque chose d'agréable à mes souvenirs et à mon voyage.

La brise de la mer pénétrait la villa par

la porte grande ouverte. Elle rafraîchissait les jeunes qui dansaient, ils étaient tous en sueur.

Cette soirée me rappelait les belles soirées à Hammam-Lif avec la famille. Maurice mon cousin jouait du luth et Coukina ma tante l'accompagnait avec la darbouka (tambour en céramique). Les deux nous rendaient les nuits chaudes de l'été agréables à supporter. Mes tantes Marcelle, la sœur de maman et Coukina, la sœur de papa, ma grand-mère Tita et ses sœurs Meha, Hanina, Njamou et Ghzala et leurs familles animaient la soirée par leur présence. À nous seuls et à n'importe quelle heure nous étions nombreux. Ces membres de la famille me manquaient. Aussi chacune des tantes et à tour de rôle, nous servaient de temps à autre des friandises et du thé rouge bien serré, c'était alors la coutume.

Ce soir Salem et moi étions debout, lui pensait à je ne sais quoi et moi plongé dans un passé lointain qui date d'un demi-siècle. Ce n'étaient pas des rêves mais des réalités vivantes encore dans mon cœur et dans ma mémoire. Tout en pensant à ces temps passés, je revivais ces moments mais cette fois-ci accompagné de tout un nouveau monde. Puis spontanément, je rentrai soudain dans la danse. Ce rythme faisait battre mon cœur depuis mon enfance, comment aurais-je pu y résister ? Il m'emportait comme le vent emporte les feuilles en automne. Pour ceux qui ne sont pas nés dans ce pays, la musique tunisienne ne peut pas s'expliquer. Il faut avoir grandi et vécu dans cette ambiance pour saisir les sentiments que le Tunisien ressent.

La musique, la danse et la nourriture font partie intégrante de la culture tunisienne. Ceux qui se trouvaient dans cette salle étaient surtout des amis. La plupart appartenaient à la classe moyenne et intellectuelle tunisienne. Ils semblaient se distinguer du peuple, mais lorsqu'il s'agissait de la musique populaire tunisienne tous étaient sur la même onde. La musique était le meilleur trait d'union. Tous parlaient le français aussi bien que leurs collègues français, mais ils n'appartenaient pas à l'Occident. Les jeunes filles avaient pris soin d'être plus belles que les jours habituels. De grands plateaux pleins de merguez, de viandes, de légumes, du couscous préparé avec sa sauce et des tas de salades étaient là, bien présentés sur une grande table. L'arôme des nourritures s'associaient aux sons de la musique. L'air du mois de janvier se mélangeait avec le son des vagues. Celles-ci venaient de la mer et ajoutaient une fraîcheur agréable. De temps en temps je sortais pour respirer et observer le ciel noir avec ses étoiles brillantes ; celles-ci ajoutaient de la clarté à cette nuit enchanteresse. J'oubliais que je venais d'Amérique et je ne pensais plus à rien. Je restai un moment seul au seuil de la porte, fasciné par cette musique ; je respirais à pleins poumons l'air de la nuit et celui de mon enfance. La soirée dura jusqu'à l'aube. Lorsque les invités commencèrent à partir, je me présentai aux hôtes de la maison et après avoir échangé quelques paroles je pris congé.

Mon ami Salem continuait à bavarder. En attendant je sortis de la maison et je me tournai vers la mer. Les mouvements des vagues dans une obscurité presque absolue interrompaient le silence de la nuit. Je remerciais dans mon cœur tous ceux qui étaient présents, et je leur dis :

« Vous m'avez laissé de très agréables souvenirs. Vous avez complété la belle journée. Grand merci à vous et à toutes les forces qui avez contribué à adoucir et à embellir ce jour de mon anniversaire ».

## PROMENADE DANS LE PASSÉ LOINTAIN

Il était tôt le matin lorsque je rentrai dans ma chambre d'hôtel. Cette Hafla (soirée tunisienne) m'avait laissé rêveur et je ne pouvais pas m'endormir. Je passai le reste de la nuit à penser au Tunis que j'avais connu auparavant quand j'avais à peine treize ans. En ce temps-là tout le monde circulait à pied, rares étaient ceux qui avaient des voitures. Certains qui avaient des courses importantes à faire ou devaient se rendre à des places éloignées circulait en tram ou en carrosse. J'avais des cousins à Bab El Khadra, d'autres dans l'avenue de Madrid. Un cousin habitait Bab Cartagena, une tante à Sidi Khlef, d'autres membres de ma famille vivaient dans les immeubles de la Hafsia. Il est vrai que pas tous les Juifs étaient aisés. Mais en ce temps-là chacun cherchait à gagner sa vie honnêtement. Ils exerçaient toutes sortes de métiers. Il y avait les cordonniers, les tigeurs – ceux qui faisait la partie supérieure de la chaussure – les soudeurs, les fondeurs, les mécaniciens, les tôliers, les électriciens, les menuisiers, les ébénistes, les bijoutiers, les imprimeurs, les cheminots, les ingénieurs, les médecins, les avocats, les constructeurs de bateaux, les commerçants de tout genre etc., etc. Ce qui était formidable c'est que tous les jeunes de mon âge et plus âgés travaillaient pour avoir de quoi dépenser le samedi et le dimanche. Mes amis et mes cousins avaient des situations bien différentes, certains étaient un peu plus aisés que d'autres, mais lorsque nous sortions ensemble on se disputait pour avoir le privilège de payer l'addition du café ou du restaurant. La plupart étaient généreux ou insouciants. Celui qui payait relevait son prestige et son amour propre. Nous étions heureux, joyeux et gais. Nous n'avions pas de téléphone mais nous n'avons jamais raté un rendez-vous entre nous. Le lundi tôt le matin chacun était à son poste de travail. Ces souvenirs se dissipaient au fur et à mesure que le sommeil s'emparait de moi.

## L'EXCURSION AVANT LE RETOUR

Le lendemain mon ami m'offrit de faire un tour dans les parages « pas trop loin de Tunis ». Comme c'était dimanche et que sa famille n'était pas en ville, je répondais que rien ne nous pressait. Mais nous commençâmes notre journée tôt, malgré la soirée passée. Nous fîmes le tour des alentours de la Marsa, ensuite de Sidi Bou Said, puis de Carthage. Nous avons visité les ruines de Carthage et le cimetière américain, que j'avais tenu à visiter. Il était très bien soigné avec des fleurs, comme un jardin public. Ces hommes de bonne volonté sont venus nous aider et ont laissé leur vie pour nous.

Je me souviens de ces bons soldats qui étaient eux-mêmes encore des enfants. Ils ne sont pas venus comme des conquérants, mais comme des héros pour nous libérer des nouveaux Vandales. En réalité ils sont venus parce qu'ils n'avaient pas le choix, plusieurs avaient été appelés sous les drapeaux, d'autres étaient volontaires, le reste d'entre eux sont venus parce qu'il fallait s'enrôler pour ne pas rester en arrière. La pression du public était si grande qu'elle dépassait même la peur de la mort. C'était la tendance de s'enrôler volontairement pour la patrie. Bref, ils sont venus sans parfois en connaître la raison mais il est certain qu'ils ont connu la mort avant de connaître la vie. Je ressentais beaucoup de respect pour eux. C'était dans cet esprit que je voulais visiter ce lieu. De cet endroit j'envoyai un message à leurs parents et à leurs familles en leur disant :

« Soyez certains que vos enfants qui sont venus de si loin pour nous libérer de la tyrannie nazie ne seront jamais oubliés, ces soldats représentent pour nous le symbole de la liberté. »

Ensuite nous avons visité la Cathédrale Saint-Louis qui était en restauration, pour reprendre enfin la route de Hammamet, puis celle de Nabeul. Nous nous sommes arrêtés pour un bon moment pour admirer les poteries, les céramiques et les faïences aux couleurs vives.

« Cet art est très ancien », me dit Salem, puis, comme pour prendre du souffle il ajouta :

« Les jeunes artisans qui modèlent ces formes avec une patience et un sérieux extraordinaires, modèlent en même temps la culture tunisienne. » J'étais d'accord et lorsque je voulus exprimer ma pensée, il reprit aussitôt la parole et fit :

« Ils continuent la tradition que leurs parents leur avaient laissée. » J'intervins pour lui dire :

« En réalité ils modèlent leur propre vie. » Après cette visite, nous fîmes demi-tour pour prendre la route qui mène à Sousse. Salem conduisait et moi j'observais le paysage et je songeais au temps où je traversais les champs, comme une gazelle qui court, juste pour courir. Je pensais aux merveilles que la Tunisie offre, que ce soit du côté historique, du côté archéologique, paysage, montagnes, prairies, les plages avec leur sable unique, la mer, le désert, les oasis, les lacs, l'air pur, l'hospitalité, la cuisine, tout cela adoucit les cœurs les plus durs.

Dans n'importe quelle direction où nous nous dirigions, nous trouvions des tas de sites archéologiques d'une dimension qu'on ne trouve pas ailleurs. Des mosaïques dont la beauté, la quantité et la diversité les rendaient irrésistibles aux amateurs et aux professionnels. La carte géographique de la Tunisie est en elle-même une encyclopédie vivante de l'histoire ancienne et moderne. On y trouve des vrais centres religieux : Kairouan, troisième lieu saint de l'Islam ; l'île de Jerba qui abrite la plus ancienne communauté juive de Tunisie, datant du sixième siècle a.c. ; Testour, El Hamma, près de Gabès, et Tunis abritent les lieux de pèlerinage des plus grands saints juifs tunisiens : Rebbi Fraji, El Maarabi, et Rebbi Haï Taïeb Lo Met, pour n'en citer que quelques-uns ; l'illustre Cathédrale St Louis de Carthage est l'ancienne empreinte du christianisme en Tunisie. À mon retour je dirai à mes enfants :

« Vous pouvez voir la philosophie et l'histoire de plusieurs siècles trouver leur expression vivante dans tous les domaines de la vie. »

C'est dans ce contexte qu'il faut voir et comprendre ceux qui sont nés en Tunisie. Ces cultures et civilisations ont modelé l'homme, sans tenir compte de sa religion ou de sa nationalité d'origine.

Salem conduisait toujours, à notre droite nous voyions de loin des étalages d'oranges, de limes doux accrochés en forme de tresses, ils décoraient la route avec les couleurs jaune et orange. Nous nous arrêtâmes pour un moment pour acheter quelques fruits. Nous pûmes bavarder avec les vendeurs, sans la hâte des supermarchés. On sentait que le temps s'était arrêté ici. Il ne fallait pas se presser. Les vendeurs gais et fiers de leurs étalages nous faisaient goûter les fruits en signe de confiance et d'assurance de leurs produits. C'était un moment de détente. Depuis longtemps je ne jouissais pas du temps libre. La vie moderne nous donne beaucoup d'avantages techniques et matériels, mais elle nous prive de notre temps. J'en profitai pour faire des photos de ces étalages. Ensuite nous continuâmes notre route vers Sousse. Salem voulait me montrer l'autoroute mais celle-ci s'interrompait pour laisser la place à l'ancienne route en attendant que la construction soit terminée.

Vers une heure et demie nous arrivâmes à l'hôtel où Salem devait rencontrer des amis. Ils étaient les propriétaires d'un bel hôtel juste au bord de la mer. L'accueil tunisien est toujours accompagné d'un repas majestueux. Le garçon servit des tas de petits plats qu'on appelle « la Kémia », puis en silence, le propriétaire leva le verre pour nous souhaiter la bienvenue. Ils nous firent visiter l'hôtel qui avait été planifié pour répondre aux besoins du tourisme moderne. En effet il y avait tout ce que l'on pouvait imaginer. Le propriétaire avait pris le soin de visiter plusieurs hôtels dans le monde pour être sûr de ne pas avoir oublié un service qu'il aurait pu offrir à ses clients. Durant la conversation un des Tunisiens me fit savoir que la Tunisie avait accueilli en

1992 plus de trois millions de touristes.

Puisque nous étions un peu au sud, je demandai à Salem, si son village était loin d'où nous nous trouvions. Il me regarda d'un air un peu étonné et me dit :

« C'est un village, il n'y a rien à voir ! » Je lui répondis :

« Vous blaguez, c'est un village d'un ami qui s'appelle Salem. » À nouveau il me regarda et me dit :

« Je vais appeler ma sœur, afin de voir si nous pourrions aller là-bas. » J'étais tout content car j'allais avoir l'occasion de connaître le berceau de ce merveilleux ami. Mais il trouva une excuse et me dit :

« La prochaine fois nous irons à Jamal, c'est d'accord ? » Puis il se tourna vers moi et me dit :

« Vous connaissez Jamal ? » Je lui répondis :

« Non ! » Puis il continua :

« Alors pourquoi voulez-vous aller à Jamal ? »

« Pour voir où vous avez grandi ! Nous avons été à Béja et vous avez vu où j'ai grandi, n'est-ce pas ? » Il fit un sourire pour dire « vous avez raison », puis il passa à un autre sujet.

Voyant qu'il n'avait pas envie d'y aller je cédai sans dire un mot, mais j'étais satisfait d'avoir dit quelques mots par téléphone à sa sœur. En réalité je n'avais jamais entendu le nom de ce village, mais comme je connaissais plusieurs villages des alentours de Béja j'étais presque certain qu'ils se ressemblaient, sauf pour le paysage qui était certainement plat comme toute la région. Il est certain que ce jour-là Salem était plus sensible que les autres jours, car il me parlait de sa mère et de l'amour qu'il lui portait. Depuis ce jour-là j'ai plus de respect pour lui, car ceux qui aiment leurs parents me paraissent plus honnêtes. Et ceci est bien précisé dans la sainte bible : « Respecte ton père et ta mère, afin que tes jours sur cette terre se prolongent ».

    Le fait d'aimer est important, car il démontre le degré de sensibilité de la personne qui aime. L'amour en lui-même est la plus grande force sur cette terre que l'homme peut attirer vers lui. Celui qui peut donner de l'amour aux autres est en lui-même un aimant de cette force. C'est une grâce, je connais quelques personnes qui portent cette force en elles, et parmi elles, certaines personnes que je n'ai jamais rencontrées physiquement, mais rien que leurs noms font vibrer toutes les cellules de mon corps. Parfois lorsque je m'énerve contre quelqu'un, en réalité ce n'est pas vraiment contre la personne que je m'énerve mais surtout parce qu'on a interrompu mon calme qui me fait jouir de la joie et de l'amour. Salem continuait à parler de sa maman et de la souffrance qu'elle avait endurée avant de partir dans l'autre monde. Son amour me montrait qu'il était sensible. Depuis, des années sont passées et nous sommes toujours restés de bons amis. Nous nous arrêtâmes dans un café pour boire un verre de thé.

« Ici dans ces parages le temps passe doucement », disait Salem

« Rien de nouveau dans mon village depuis que je l'ai quitté il y a de ça plus de trente ans, rien n'a changé, tout est resté comme je l'avais laissé. » Puis il continua :

« Les gens n'ont rien à faire, ils passent leur temps à boire du thé, et à faire des produits d'artisanat. » À quoi je réagis spontanément :

« Mais c'est formidable, je rêve toujours de mes arrière-grands-parents qui recevaient chaque personne qui venait chez eux avec un verre de thé. » En ce temps-là je trouvais ça très drôle, car ils étaient assis sur un tapis posé à même le sol. Ils jouissaient du temps qui passait lentement. Ils me disaient toujours :

« Assieds-toi mon fils et bois un verre de thé. » En ce temps-là cela ne me disait rien mais aujourd'hui quand je pense à ces jours je me sens enveloppé d'un amour qui adoucit mon cœur et me donne une sensation de sérénité et de paix. Je revois encore les yeux de ces vieilles et de ce vieux de la famille, ils sont verts et enfoncés dans les orbites avec un regard qui jaillit d'une profondeur à faire vibrer nos sens. Ils inspiraient de la bienfaisance, de la gentillesse, et de l'amour.

Après ce merveilleux tour nous dûmes rentrer à Tunis. La fatigue de la veille commençait à se faire sentir.

## LE RETOUR

Le lendemain, je devais reprendre mon vol, d'abord vers Madrid et ensuite vers New York où la famille m'attendait. Le soir Salem rentra chez lui, je dus retourner à l'hôtel et faire mes valises pour le lendemain. La fatigue et l'émotion de ces quelques jours, m'empêchaient de m'endormir. J'avais passé la nuit à penser à cette visite éclair, qui a duré précisément trois jours, comme il est dit chez les musulmans « Deif Enabi Tlata Yam » (La visite du prophète ne dure jamais plus que trois jours). Le chiffre de trois millions de touristes me revenait en tête, je me disais qu'à la longue, à ce rythme, ce chiffre atteindra certainement celui de la population locale et les Tunisiens seront en fait transformés. Qu'on le veuille ou pas l'influence des touristes finira par transformer le caractère même de la Tunisie.

Le lendemain vers midi je devais me rendre à l'aéroport. Salem avait mis à ma disposition un chauffeur bédouin et une voiture. Le chauffeur et moi nous nous entendions très bien car, étant né à Béja, mon parler était plus rapproché de celui des bédouins que de celui des citadins. Je savais bien parler avec le « Gali Ou Gueutlou » au lieu du « Qali Ou Qotlou » (il m'a dit, je lui ai dit). Je priai le chauffeur de me conduire à Bab Saadoun. Lorsque nous étions devant cette grande porte, je lui dis :

« Cheft El Bab Hada, Houa A'l Esm Jdoudi. » (Vous voyez cette porte, elle au nom de mes ancêtres.) « Mon arrière-grand-père était un Saadoun. » Le chauffeur me regardait avec un sourire plein d'innocence et de naïveté comme s'il ne savait plus quoi dire. Pour le mettre à l'aise je fis :

« Haya Soug Bel Egda » au lieu de « Haya Souq Mnih » (Allez, conduisez correctement !) Le chauffeur, qui s'appelait Salah et qui était du sud, me sourit à nouveau, avança un peu la voiture et me dit :

« Oen Ya Sidi ? » (Où allons-nous ?) Je lui répondis avec un sourire qui le mit encore plus à l'aise :

« Tournez autour de la porte de Bab Saadoun et allons à Bab El Khadra. » Arrivés là, je cherchai à retrouver le café qui était juste en face de la Porte Bab El Khadra et qui faisait le coin de deux rues, hélas celui-ci avait disparu pour devenir un parking. Alors je changeai de direction, nous nous engageâmes dans l'avenue de Lyon où habitait une de mes tantes, je regardais les immeubles pour retrouver la maison où j'avais passé plusieurs fins de semaine avec mes cousins et mes amis, mais j'avais été trop longtemps séparé de ces lieux. Depuis, je n'avais plus vu cet immeuble et je ne me souvenais ni de l'immeuble ni du numéro de la rue, je finis par abandonner l'exploit d'un passé qui me semblait lointain. Et pour me donner une contenance je me dis : « Hélas ceux qui habitaient cette maison ne sont plus en vie ». Je me dirigeai vers le Passage, puis nous prîmes l'avenue de Madrid qui nous ramena à Bab El Khadra, puis à Bab Saadoun. De là nous descendîmes vers Bab Esuiqa. Je priai Salah de trouver une place pour parquer la voiture, car les distances en voiture me paraissaient tellement courtes et je voulais apprécier chaque place comme dans le passé, en marchant ainsi dans la rue. J'allai jusqu'à Bab Qartagena où habitait un cousin. De là je passai une petite ruelle pour chercher la rue Sidi Khlef. Tout me paraissait changé, je ne retrouvais plus les rues du quartier juif de la Hara et de la Hafsia où j'avais passé de bons moments de mon jeune âge, parfois sur le seuil d'une maison, juste pour bavarder avec les amis filles et garçons. Tout était simple, les familles ne disposaient pas d'un grand luxe, la plupart avaient une chambre ou deux, les toilettes étaient parfois en commun sur le palier ou même aux rez-de-chaussée.

En ce temps-là personne ne faisait attention à ces détails. Le plus important était d'être ensemble et de jouer ou se raconter des histoires. De temps en temps j'amenais avec moi des amis des quartiers aisés, les filles les taquinaient, car ces nouveaux riches ne les attiraient pas. Elles parlaient surtout du judéo-arabe et très peu le français. Ces jeunes préféraient rencontrer des filles françaises pour éviter toute obligation de mariage. Je m'entendais bien avec les deux côtés car à Béja nous parlions bien le français et l'arabe, mais mon arabe était considéré bédouin comparé au judéo-arabe de la Hafsia. Certains me demandaient si j'étais juif, musulman ou français, mais quand je leur disais mon nom ils étaient un peu troublés. Le niveau économique de la majorité des Juifs de Tunis était très bas, mais ils savaient bien jouir de la vie même avec très peu. Aujourd'hui certes, le niveau économique de tous les Juifs qui ont émigré dans d'autres pays c'est amélioré, comme dans tous les pays industrialisés, mais chacun se trouve isolé dans son petit coin et se sent obligé de renoncer à sa culture judéo-arabe dont il a hérité depuis des siècles et dans laquelle il a été bercé, pour s'amalgamer à la culture du pays qui l'a accueilli. Il doit d'abord survivre et donner à ses enfants un point de départ plus au moins égal à celui des autres enfants du pays. Dans chaque pays la règle est la même, il faut être comme tous les autres. Seuls les parents gardent la culture qu'ils connaissent, pour eux-mêmes et pour quelques amis de la même origine. Voici les résultats de ce qu'a réveillé en moi le petit exploit en voiture.

Salah ne savait rien de tout ce qui traversait ma tête. Il avait constamment le sourire aux yeux. Il me parlait avec grande envie et espoir, de pouvoir immigrer un jour dans un pays où l'on gagne beaucoup d'argent, le Canada, l'Australie ou peut-être l'Amérique. Evidemment il ne se rendait pas compte qu'il serait assujetti à un mode de vie différent et qu'il devrait renoncer à beaucoup de choses qui lui sont chères. Salah avait du mal à comprendre pourquoi les étrangers venaient en Tunisie.

« Il n'y a rien à voir, ni à gagner ! » disait-il avec un ton doux et d'une voix basse, à quoi je lui répondis :

« Pourquoi n'êtes-vous pas resté dans votre village ? Vous êtes chez vous avec votre famille et toute votre tribu. » Salah écoutait mes dires, sourit et me dit :

« Vous avez entièrement raison, mais quand on est jeune on ne sait pas qu'est-ce qui est meilleur, on croit toujours que chez le voisin c'est mieux que chez soi. » À mon tour je rigolai et j'ajoutai :

« Vous voyez, nous les Juifs nous sommes éparpillés à travers tout le globe et nous ne serons jamais satisfaits de notre sort, depuis que les Romains nous ont chassés de nos villages. C'est pourquoi nous aimons notre Tunisie, car c'est la seule place que nous avons considérée comme notre pays et nos villages, puisque nous étions là avant les Phéniciens. Hélas, maintenant il est trop tard pour notre génération, pour retourner ou retrouver la vie que nous avons connue. C'est pourquoi le Juif tunisien dit toujours du bien de son pays, car pour rien au monde il ne veut salir le nom de son berceau. J'avais justement créé un proverbe à ce sujet qui disait : 'Eli Izayen Darou Izayen Halou' (Celui qui embellit sa maison embellit son sort) ».

Salah remuait la tête, comme s'il voulait dire : « j'ai compris » et plus tard lorsque je le quittai, il me dit :

« Je vais retourner dans mon village, j'avais

pensé à ce que vous m'avez dit et j'ai trouvé que vous aviez entièrement raison, nous ne savons pas apprécier ce que nous avons. » Puis il ajouta :

« Je regrette que nos frères juifs ont dû quitter leur pays pour quelle qu'en soit la raison. » Je le remerciai en lui disant :

« Inch'allah à la prochaine visite, si Dieu veut. »

Il me déposa à l'aéroport. J'avais une heure d'attente. J'en profitai pour faire des petits achats. L'heure passa très vite et me voilà à nouveau dans l'Airbus de Tunisair. Je m'endormis comme un bébé jusqu'à Madrid. Le lendemain je repris l'avion pour New York, où toute ma famille m'attendait comme si je revenais d'un pèlerinage.

## CONCLUSION

La visite à Béjà, l'hospitalité, la gentillesse et la soirée musicale étaient les meilleurs cadeaux de mon anniversaire. C'était « le cadeau de mon enfance ». Ma terre natale m'avait réservé une agréable surprise. Ce voyage était le meilleur voyage que j'avais entrepris jusqu'ici. En effet, il a été un vrai pèlerinage, quoique je n'aie pas visité un seul Saint, mais tout le pays et ma ville étaient en eux-mêmes un grand lieu saint, qui témoigne de mon enfance.

L'amitié doit être sincère entre les êtres humains en général et tout particulièrement entre des compatriotes. Je me laissais bercer dans la douceur de mon enfance, qui me semble être la plus pure et la plus honnête. Toutes ces années passées avec le monde occidental n'avaient pas réussi à effacer de ma mémoire les beaux souvenirs que j'avais gardés de mon enfance et de ma ville. Aujourd'hui je saisis beaucoup mieux l'importance de la tradition, de l'harmonie et de la joie de vivre. La vie moderne, la liberté de l'homme et la civilisation occidentale ont contribué beaucoup à améliorer mes facultés de perception, je comprends mieux aujourd'hui certaines choses et je discerne succinctement certains faits que j'ai connus à mon jeune âge, mais je n'avais pas eu les expériences et les épreuves nécessaires pour les apprécier à leur juste valeur.

Les années ne comptent pas dans l'histoire, et d'autant moins dans l'univers, il n'y a que les pensées et les actes qui comptent. Les troubles du Moyen-Orient avaient aussi créé des tragédies chez les juifs et chez les musulmans. Les deux peuples étaient victimes des conséquences de la deuxième guerre mondiale. Ni l'un ni l'autre n'était à la source de la tragédie infligée aux deux peuples opprimés et frères à l'origine. La guerre froide entre l'Est et l'Ouest ajoutait de l'huile à la flamme. Aucun n'avait essayé sérieusement d'assouvir les esprits angoissés et troublés. Tous ceux qui jouaient le rôle d'intermédiaire cherchaient en même temps à servir aussi leurs intérêts. Tôt ou tard la vérité émergera et les peuples se rendront compte qu'ils ont été induits en erreur. Les pays qui bâtissent leurs relations en semant la discorde entre les peuples finiront par perdre leur crédibilité et la nécessité dictera la destinée de chacun. Même l'Union Soviétique a fini par comprendre qu'il y avait des limites à la souffrance des peuples. J'espère que les peuples sages sauront bâtir le futur et le bien-être de leurs enfants. Il faut qu'ils mettent déjà les bases pour créer l'atmosphère nécessaire pour le futur. La paix ne dépend pas des autres et elle ne se gagne pas sur les champs de bataille ni dans les documents dûment signés. Elle prend sa semence dans l'esprit de chaque personne de bonne volonté. Il faut œuvrer pour l'acquérir. Et surtout laisser aussi le temps faire son travail. Mon père disait :

« El Mard Iji Bel Hofna Ouel Lefraj Iji Benoqta. » (Les maladies viennent par poignée et la guérison vient au compte-gouttes.)

La meilleure paix est celle qui est voulue par les deux côtés et ne laisse ni vainqueur ni vaincu. Les ennemis d'hier seront je l'espère les amis de demain. L'histoire nous montre constamment les changements de forces et de pouvoirs à travers les siècles.

Pendant la deuxième guerre mondiale mon père, qui était très courageux, lorsqu'il allait de la ferme Nezer à Béja pour chercher du pain, revenait très vite, et quand je lui disais :

« Papa, tu as été rapide ! » Il me répondait :
« El Khof I A'lem Esbag. » (La peur apprend

à courir.) C'était sa façon de répondre.

Ma génération se trouve implantée un peu partout dans le monde. Nos enfants ne pouvaient que s'intégrer dans le pays où ils ont grandi. Ils nous observent avec une certaine sympathie et une certaine réserve, car leur vie est différente. Il faut tirer des leçons de nos expériences. Ceux qui pensent quitter leur pays et immigrer ailleurs doivent prendre en considération certaines expériences, que j'ose apporter. La liberté est une chose relative. L'immigrant doit choisir entre soi-même et ses enfants. Dans le pays adoptif ce sont les enfants qui adopteront les mœurs, la culture et le caractère du pays qui les accueille. Les parents, eux vivront avec une nostalgie de leur pays natal, ils garderont jalousement leur propre culture, leur cuisine et leur chants, appris dans leur jeunesse. Ils resteront malgré tout les enfants de la Tunisie, même les Français et les Italiens nés en Tunisie et dont les parents étaient venus de France, d'Italie ou d'ailleurs, restent dans le cœur des Tunisiens, même si aujourd'hui ils sont rapatriés en France ou en Italie.

Quant aux parents qui envoient leurs enfants apprendre dans d'autres pays, j'ai un mot à leur dire : qu'ils ne se fassent pas l'illusion de revoir leurs enfants tels qu'ils les y ont envoyés. La plupart finiront par trouver une compagne ou un compagnon de vie qui leur donnera la chaleur et l'amour des parents qui leur auront manqué et ainsi ils finiront par s'établir dans leur nouveau pays adoptif. Pour certains ce sera un avantage pour d'autres ce seront de nouvelles situations auxquelles les parents devront s'habituer.

Ceux qui liront ce récit croiront peut-être que j'étais indifférent au sort de mes frères juifs tunisiens qui ont dû quitter ce pays. Je préfère ne pas mélanger les choses car il faut reconnaître les mérites de notre histoire, du pays et de son peuple dans le vrai contexte. J'ai laissé les considérations politiques aux politiciens afin de garder mes sentiments propres. Il faut à mon avis garder les peuples loin de certaines tendances et de certains conflits afin de ne pas influencer ni gâcher leurs sentiments et leurs relations avec leurs prochains. Je crois que l'histoire de notre existence dans ce merveilleux pays mérite plus d'attention et de considération que tout aspect politique. Il ne faut pas oublier que les Juifs ont survécu à plusieurs crises et différentes conquêtes durant toute l'histoire de leur séjour en Tunisie et que, malgré tout, ils nous ont transmis des valeurs que nous chérissons tous jusqu'à ce jour. Que la Tunisie s'aligne aujourd'hui avec tel pays ou tel autre ne doit pas nous enlever l'amour de notre terre et de notre histoire qui reste intouchable et inchangeable. Je répète ce que nos vieux disaient : « Khali Qalbek Endif, Raou Chay Ma Ydoum », ce qui veut bien dire : « Gardez votre cœur propre car rien ne dure ». Tout est éphémère.

## BLADI

Ba'ad el ouahch reja'at lik ya bladi.
A'arouch qalbi hassitem,
Kif elouard ouel yasmin.
Fihardek lemqadcha
Qamhek elembaza'
Jbalek elkhadra
Kif el ahssira mfarcha.
Men elby'id a'azitek
Ouyom miladi jitek
Zourtek ya bladi
Ba'ad essnin ouel ghorba
Tfakert zoukhri laoulani
Kif chouftek mel by'id
Zinek ekbir
Ajmel men elkhir
Zinek oua zin omi
Kif kunt nerda'a
Narja'a lik ya bladi
Bla harqouss oubla hena
Rouhi mheni ou qalbi safi
La had yeqoul a'alik
Ella leklam eshih
Klam el houb elmlih
Ouklam rabna el a'ali
Nahit menek ouahcha

LES TRÉSORS CACHÉS

Ou halit li qalbi lel emhaba
Tfakertik el youm
Ou qalbi ma:moun
Zahyietek hiya zahyiti
Ou hobek houa hobi
Fi qalbek houmet ejdoud
E'in Esemch, e'in el a'youn
Koulha a'assel ou nour
Rada'a menik,
Men soukhri lelyoum.

*Le lendemain de mon voyage à Béja, à l'hôtel Abou Nawas, j'écrivis cette poésie qui m'était venue spontanément, le 19 Janvier 1993.*

## MA VILLE NATALE (Traduction)

Je suis revenu à toi, ma ville, après cette longue nostalgie
J'ai senti les racines de mon cœur,
Comme les roses et le jasmin
Dans ta terre bénie,
Ton blé abondant,
Tes montagnes vertes
Étalées comme un tapis
De loin je t'ai honorée
Et à mon anniversaire je suis arrivé.
Je t'ai visitée, ma ville,
Après des années d'éloignement,
J'ai revu mon enfance,
Quand je t'ai aperçue de loin.
Ta beauté était grande,
Et meilleure que les richesses,
Ta beauté est celle de ma maman
Lorsque je tétais.
Je retournerai vers toi, ma ville,
Sans maquillage et sans henné
Avec mon âme sereine et mon cœur pur
Afin que l'on ne dise de toi
Que des paroles de vérité

## LES TRÉSORS CACHÉS

Et des paroles de notre seigneur
D'amour et de pureté,
J'ai arraché de toi une bise,
Tu as ouvert mon cœur à l'amour
Se souvenant de toi aujourd'hui,
Mon cœur est apaisé
Ta joie est la mienne,
Ton amour est le mien
Dans ton centre repose le quartier de nos ancêtres,
L'œil* du soleil, la source des sources,
Toute en miel et en lumière
Je me nourris de toi
Depuis mon jeune âge, jusqu'à ce jour.

* En arabe, l'œil veut aussi dire « source ».

# SOUVENIRS DE MON ENFANCE

## MON PÈRE

Mon père n'aimait pas la politique et avec dix enfants, il avait tout juste le temps de se consacrer à son travail et à sa famille. Sa responsabilité était déjà assez lourde, je ne le comprenais pas alors, mais aujourd'hui je lui donne raison. En effet la famille est le noyau le plus précieux de la société. Son magasin et atelier étaient en plein Rebat, ainsi appelions-nous notre quartier. Ses ouvriers et ses apprentis étaient presque tous des musulmans. Certains apprentis voulaient ne jamais le quitter. Papa était un maître et un artisan accompli dans son métier, il était tigeur et cordonnier à la fois. Il avait enseigné le métier à de nombreux jeunes de la ville. Après que l'apprenti eût appris le métier, mon père se donnait la peine de lui trouver un magasin. Il le dotait d'un minimum d'outils nécessaires et d'un petit capital de marchandises. À chaque fois qu'il annonçait son indépendance à un apprenti, ce jour était marqué de joie et d'émotions. Ses collègues cordonniers l'aimaient et le respectaient pour son esprit de justice. Je me souviens d'un ouvrier qui avait commencé son apprentissage très jeune. Même après qu'il eût appris le métier et fût devenu père de quatre enfants, il refusa toujours d'être indépendant ; il continua à travailler avec mon père.

Certains soirs mon père faisait l'arbitre et ainsi il devait solutionner des problèmes entre juifs et musulmans. Les uns et les autres préféraient être jugés par mon père plutôt que par le Caïd ou le Qadi de la ville. Mon père me disait souvent :

« Sois juste dans tout ce que tu fais, il faut vivre avec mesure et poids, c'est la balance de la vie. » Ce qu'il voulait dire c'est que sans justice aucune société ne pourrait se maintenir. Le secret de la réussite de papa était qu'il ne laissait ni vainqueurs ni vaincus. Il faisait en sorte que les personnes en dispute devenaient des amis une fois que le verdict était prononcé. Voici son secret : après que chaque côté eût exposé sa plainte ou sa défense et apporté ses arguments, papa faisait jurer les deux parties, que jusqu'au verdict ils devaient ignorer leurs problèmes et se voir tous les jours ensemble, comme si rien ne c'était passé entre eux. Il leur disait :

« Votre problème n'existe plus, il est chez moi. » En effet, jusqu'au moment du verdict, les deux personnes qui étaient en désaccord pour un litige quelconque, finissaient par bien se connaître. La plupart des disputes étaient basées sur le manque de connaissance de son prochain et le manque de considération pour le problème de l'autre. Le manque de confiance jouait un grand rôle. Si quelqu'un vous saluait aimablement tous les jours et qu'un jour il ne vous saluait pas, ou que son salut n'était pas comme d'habitude, ceci ne voulait pas dire qu'il était contre vous, ou qu'il était fâché avec vous. Personne ne sonde les soucis et les problèmes de son voisin. C'est là que la patience et la considération doivent intervenir, avant de juger son prochain. Nous pouvons constater uniquement l'aspect ou l'attitude extérieurs de notre prochain, mais personne ne connaît ce qui se passe dans son for intérieur. Chacun de nous passe par des moments de gaîté et des moments de tristesse. Nous ne pouvons pas toujours nous associer qu'à la gaîté de notre prochain. Il faut prendre part à sa tristesse, car ses problèmes nous incombent, si nous voulons être honnêtes avec nous-mêmes. Papa disait :

« Jit Nahkilek Bhemmi, Leqite Hemmek Ghleb Hemmi. » (Je suis venu te faire part de mes soucis et j'ai trouvé que tes soucis avaient dépassé les miens.) Les actes de papa m'ont été relatés plus tard par un de ses anciens apprentis.

## LA FLEUR DE PAPA

Je suis né à Béja dans le vieux quartier arabe qu'on appelait « Rebat », précisément dans la rue Khaznadar. Notre appartement était au premier étage. Les seuls voisins au même étage étaient les Fargeon. Au rez-de-chaussée il y avait la famille de Fraji Chaouat et au-dessous de notre appartement il y avait une famille musulmane dont on appelait le père « El Homa » (la rue). Il était marié à plusieurs femmes et ses enfants étaient si nombreux que le papa ne les connaissait pas par leur nom. À chaque fois qu'il rentrait de la ferme, il disait aux enfants qui entouraient son cheval :

« Edhebou 'Alya ! » (Allez-vous-en !), puis il ajoutait avec un regard sévère, « Enti, Oueld Elharam » (Toi fils du péché) « Echkoun Bouk ? » (Qui est ton père ?) L'enfant tout souriant répondait :

« Enta, Baba. » (Toi, papa.) Ceci pour vous dire que je suis né dans un quartier arabe et que j'ai grandi avec les Arabes. Dans ce quartier habitaient aussi plusieurs familles juives. Ma tante, la sœur de papa, habitait à cinquante mètres de chez nous. La grande synagogue était adossée au mur de sa maison. À l'entrée de notre appartement il y avait un petit couloir, à droite, d'abord la porte des toilettes, qui avait une petite fenêtre haute, donnant sur la rue, ensuite la porte de la cuisine. Celle-ci avait une fenêtre qui donnait sur la rue. Au fond du couloir, tout droit, se trouvait la salle à manger avec un balcon assez grand, qui donnait lui aussi sur la même rue. De la salle à manger, une porte au fond à gauche donnait à la chambre à coucher. Celle-ci avait une fenêtre dans la même direction que les autres, mais qui donnait sur la terrasse des voisins. Que de fois nous sautions de la fenêtre et jouions sur les toits !

Mon père cultivait des œillets dans des caissons qu'il façonnait lui-même. Ceci était son violon d'Ingres. Ces fleurs rouges, roses et blanches étaient très parfumées et embaumaient agréablement l'air. En bas dans la rue on pouvait sentir leur parfum qui se répandait partout. Papa soignait ses œillets attentivement et d'une façon minutieuse et méticuleuse. Je m'asseyais par terre et contemplais papa et ses fleurs. Il était tout le temps occupé à faire quelque chose sur ce balcon. Il arrosait, il changeait la terre, il nettoyait et quand tout était prêt, c'est-à-dire, quand les tiges des œillets était assez épaisses et hautes, il prenait chaque tige séparément, fixait la bonne hauteur et tenant la tige avec ses doigts, faisait une incision avec son petit couteau à l'endroit le plus épais. Ainsi il répétait la même opération pour tous les œillets, comme un chirurgien. Ensuite il mettait un grain d'orge dans ces incisions et fermait les plaies avec des petits bandages qu'il préparait à l'avance. Il ne lui restait qu'à arroser et attendre patiemment que la grâce fasse son travail dans le silence et la discrétion. Semblable à la femme enceinte qui attend l'arrivée du bébé sans le moindre doute. Papa nous disait souvent :

« La nature n'aime pas qu'on la regarde lorsqu'elle fabrique ces choses. » En effet les œillets devenaient bien beaux et gros. Pendant la saison, ces scènes se répétaient presque tous les jours. J'étais fasciné de voir toutes ces merveilles.

Mes sœurs et moi jouions souvent sur ce balcon.

« Il ne faut pas toucher les fleurs de papa », nous disait constamment maman. Mon papa y tenait tellement à ses œillets, que dès qu'il rentrait de son travail, il se dirigeait tout droit vers le balcon pour admirer ses fleurs.

Un jour, ma sœur aînée qui avait à peine sept ans, avait une excellente idée. Croyant bien faire et aider papa elle s'était mise à cueillir ou plutôt à arracher tous les œillets. Quand maman l'aperçut, voyant tous les œillets sur les dalles du balcon, elle n'en revint pas. Mes sœurs et moi étions silencieux et craignions que papa se fâche. Maman fit gentiment une mine, en signe de mécontentement. Ma sœur l'observait toute étonnée ne comprenant pas la raison de notre silence. Maman était confondue, son visage changea soudain de couleur. Ma sœur ne voyait aucun mal à son acte, bien au contraire, elle s'attendait à un sourire ou à un compliment.

Le soir, quand papa revint de son travail, il alla droit vers le balcon. Lorsqu'il découvrit son petit jardin dépouillé de ses fleurs, il fit à son tour une grimace qui nous laissait encore une fois silencieux et immobiles. Il était ahuri, l'expression de son visage nous annonçait une fureur. Aucun n'osait ouvrir la bouche. La peur et le silence l'emportaient. Papa non plus ne disait rien, il était ému et regardait dans toutes les directions, comme s'il cherchait un coupable. On s'attendait tous à des réprimandes. Par contre, ma sœur aînée qui ne se sentait pas coupable, s'attendait toujours à un compliment.

Mon père avait cru que certains voyous de la rue avaient causé ces dégâts, ensuite il lança un regard à maman. Elle, qui ne cachait rien à papa, lui dit :

« Nous n'avons pas de voyous dans la rue, c'est ta gentille fille qui voulait t'aider. » Quand il apprit la vérité, il fit d'abord un sourire, puis il se dirigea gentiment vers ma sœur et lui adressa la parole avec ses bras tous grands ouverts :

« Est-ce que j'ai une plus belle fleur que toi, ma fille ? » Ma sœur sauta à son cou et s'agrippa. Papa la prit dans ses bras et l'embrassa. Ma sœur nous lança un regard furtif, comme pour nous dire : « Vous voyez, j'avais eu raison ! »

Nous étions tous stupéfaits de voir papa faire un sourire. Enfin nous étions soulagés. Papa était tout gai comme un enfant. Il nous avait surpris, car aucun de nous ne s'attendait à cette réaction. Je revois toujours le visage de mon père avec son sourire. L'amour entre papa et ma sœur avait duré jusqu'au dernier jour de sa vie. Elle était la seule à pouvoir lui dire les choses en face sans qu'il se fâche. Plus tard et à plusieurs reprises, quand papa était fâché pour une raison ou pour une autre, ma sœur intervenait avec un sourire et lui disait :

« Papa, pourquoi te fâches-tu, quand tu as

une aussi belle fleur que moi ? » Elle parvenait ainsi et à chaque fois à lui arracher un sourire.

LES TRÉSORS CACHÉS

## LE BAPTÊME DES RUES

Ma visite à Béja après quarante-six ans d'absence avait réveillé en moi une montagne de souvenirs de mon enfance. Comme tout enfant de l'âge de trois ou quatre ans, je ne restais pas en place. Donc, certains jours maman m'amenait au cotab (l'école religieuse juive) et d'autres jours, elle m'envoyait à l'atelier de mon père, parfois seul et parfois accompagné par quelqu'un. Lorsqu'il pleuvait, elle préférait m'envoyer chez une des tantes ou chez ma grand-mère afin d'être au chaud. Ces petites excursions permettaient ainsi à ma mère de faire tranquillement sa besogne.

Un jour je ne voulais pas rester à la maison, et comme personne n'était là pour m'accompagner, elle m'envoya seul chez papa avec un message :

« Dis à ton père que maman veut du Chouak Ou Ched Eli Jàc. » Ce message voulait dire de retenir le porteur du message. Comme je ne comprenais pas encore bien la langue, je répétais ces mots comme un perroquet. Après avoir transmis le message à mon père, j'attendis la réponse patiemment mais lorsque le temps passait et je ne voyais pas de réaction, je devins impatient. Je demandai à mon père :

« Ou est le Chouak », et à son tour mon père me renvoya chez Sallah Ben Youssef, dont le magasin était juste en face de celui de mon père, avec le même message. Monsieur Ben Youssef était le fournisseur de cuir et l'ami de mon père. Il avait un visage et un front semblables à ceux du rabbin et sa personne dégageait un rayonnement de bonté qui m'inspirait la même vénération que celle que j'avais pour le rabbin. Monsieur Ben Youssef me fit asseoir sur un banc et me dit :

« Attends un peu » et de cette manière le problème de me garder tranquille était résolu. C'était ainsi que j'eus mes premières leçons de patience et de messager. Ces visites m'ont appris à me rendre seul dans toutes les ruelles de Béja. Je connaissais toutes les maisons de la famille, des amis, des voisins, les magasins et autres. J'étais devenu malgré moi un invité quotidien d'un monde que je venais à peine de découvrir. Ces va-et-vient ont duré longtemps jusqu'à mon entrée à l'école enfantine.

J'ai appris tout dernièrement par mes amis de Béja que le fils de Monsieur Salah Ben Youssef, Monsieur Mohamed Ben Youssef qui avait perdu un pied pendant les bombardements par l'aviation allemande en 1942, venait de passer dans le monde de la vérité. À cette occasion j'adresse à sa famille mes sincères condoléances. El Barka Fikoum !

## LES MARIAGES ET LES BAINS TURCS

Quand j'avais cinq ans, j'accompagnais ma grand-mère paternelle Nouna, qui était la maquilleuse de notre ville. Elle maquillait surtout les jeunes filles candidates pour les fiançailles ou le mariage. Les semaines précédant les mariages elle était invitée pour maquiller la mariée et les femmes de la famille, à la maison et au bain turc. Ainsi j'avais le privilège d'aller avec elle à plusieurs mariages musulmans et juifs.

« Il faut rester tranquille ! » me disait-elle. Quand j'avais l'envie d'aller au petit coin, je devais patienter et attendre qu'elle finisse son travail. Pour ne pas que je m'ennuie, ma grand-mère prenait le soin de me demander de temps à autre :

« Mir, qu'en penses-tu de la mariée ? » Ou bien :

« Elle est belle la mariée, n'est-ce pas ? » Les jeunes filles amies de la mariée défilaient l'une après l'autre pour voir le progrès du maquillage que ma grand-mère faisait. De temps en temps la maîtresse de la maison faisait une apparition, et pour se donner de l'importance celle-ci claquait des mains et faisait signe aux serveuses d'offrir un verre de thé ou une friandise à ma grand-mère. Puis elle se penchait vers moi et me donnait un gâteau et une pièce de monnaie. Quand ma grand-mère voyait la pièce de monnaie, elle fronçait ses sourcils et me lançait un regard comme signe de me tenir correctement. La monnaie donnait automatiquement un meilleur degré de respect à la maîtresse de maison, puis ma grand-mère d'une voix douce ajoutait :

« Dis à madame : 'Y Kater Kheirek !' » (Merci) puis à haute voix, elle ajoutait :

« Elle te plaît la mariée, n'est-ce pas ? »

La maîtresse de la maison entendait ces propos et comme signe de reconnaissance envers ma grand-mère, elle disait d'une voix ferme :

« Zghirta Lel Harqassa ! » (Faites des youyous à la maquilleuse.) Alors les sons de youyous venant de toutes directions remplissaient la salle. Ma grand-mère rougissait et m'embrassait, puis, comme pour détourner l'attention vers moi elle disait aux femmes qui l'entouraient :

« Zghirta Ala Mir ! » (Faites des youyous à mon petit-fils), en signe d'affection. Les youyous rebondissaient, cette fois-ci, ils étaient à mon égard, je ne saisissais pas ce qui me parvenait de toute part. Ensuite les serveuses passaient avec des plateaux de friandises qu'elles distribuaient à tout le monde. Ces scènes se répétaient aussi longtemps que ma grand-mère faisait son travail. Quant à moi, elles me paraissaient drôles, surtout que je n'avais aucun mérite d'être acclamé sauf d'être le petit-fils de ma grand-mère. Mais que peut dire le mort devant ses laveurs, « Ech Yqoul el Myet qbalet Hassalou ? » Tout cela m'étaient étrange et dura jusqu'au temps où j'eus neuf ans, lorsque ma grand-mère décéda.

Quand ma grand-mère m'adressait la parole, je n'avais ni choix ni avis à lui donner, mais par politesse ou par honte je faisais toujours signe avec ma tête que j'étais d'accord avec elle, bien que je ne vîs pas la raison pour ce maquillage et que celui-ci me parût même bien drôle et futile.

Lorsque ma grand-mère terminait une phase du maquillage elle s'exclamait :

« Choufou Ezein ! » (Regardez la beauté !) Elle me lançait un regard, qui avait l'air de demander mon avis. Je faisais signe avec ma tête que j'étais d'accord avec ce qu'elle disait. En réalité ces questions me signalaient l'approche de la fin de la journée de travail que j'attendais patiemment. J'avais hâte qu'elle finisse, car retourner enfin à la maison me paraissait plus attractif que la mariée et son entourage ; c'était mon avis d'alors.

Nous allions de temps à autre au bain turc. Certaines familles de la mariée nous invitaient au Hammam Sayala (le bain turc alimenté par une source naturelle d'eau chaude). Ce jour-là, celui-ci était loué par la famille de la mariée pour tout un après-midi. J'allais avec ma grand-mère et assistais à toutes les cérémonies. Je n'aimais pas le Hammam, car j'étouffais et je glissais souvent sur le sol mouillé et une fois je m'étais blessé au front. Pour arrêter le sang on m'avait mis du « bon » (café moulu) sur la plaie. Ma grand-mère me demanda là aussi :

« Mir, regarde la mariée et dis-moi comment elle est belle ? » Elle voulait me faire oublier le mal. Puis elle se pencha vers les femmes qui étaient là et elle fit :

« Vous voyez elle plaît bien même à mon petit-fils ! » Puis elle dit :

« Vous avez entendu ce qu'il a dit, 'La mariée est très belle' » alors que je n'avais pas parlé. J'avais honte mais que faire à cet âge ?

Je comprenais que ce genre de questions était simplement pour plaire à la mariée ou à sa famille, ces compliments faisaient partie de son travail. Certaines questions étaient embarrassantes, surtout lorsqu'elle enlevait les poils à une jeune fille toute nue. En signe d'accord je baissais les yeux et la tête pour lui faire plaisir, mais je rougissais de honte ou de timidité. Je n'avais sûrement aucune opinion à cet âge. Les femmes baissaient elles aussi les yeux et faisaient un sourire qui reflétait la comédie. C'était le jeu de tout le monde, il fallait flatter la mariée. Quant à moi je trouvais toutes ces femmes, y compris la mariée, vilaines à voir, car elles ne portaient aucun habit, mais je ne devais pas le dire à haute voix.

Après le maquillage et le bain turc, venaient les jours festifs avec le tabal (groupe de musiciens) qui jouaient du tambour et la zokra (flûte au son de biniou). Là, ma grand-mère venait bien habillée avec ses belles toilettes et occupait une place d'honneur. Des remerciements et des compliments pour la Harqassa (la maquilleuse) venaient de toute part ; moi, je restais sur les genoux de ma grand-mère et je finissais toujours par m'endormir.

D'après les dires de ma grand-mère, ces jours-là, elle faisait les meilleurs recettes, car il était de coutume que les invités voulant se distinguer donnent à la vue de tous les présents des billets de grande valeur à la maquilleuse (Orchoq A'lHarqassa). Ensuite les femmes présentes venaient l'une après l'autre me dire quelque chose, je ne me souviens pas des paroles, mais je me rappelle bien des pièces de monnaie qu'elles me donnaient. À la fin de la journée mes poches étaient remplies de pièces et de billets de toutes sortes.

Quand j'eus neuf ans ces belles excursions avec ma grand-mère cessèrent. Alors je devais aller au bain turc avec mon père. C'est là où commença mon éducation. L'atmosphère au bain était plus sévère et bien disciplinée. Les cris et le brouhaha des femmes et des enfants disparurent pour laisser la place au silence et à l'ordre. Les hommes portaient tout le temps une « fouta » (c'est une jupe qui couvre toute la partie basse du corps et qui ressemble à une jupe écossaise). En fait c'est un rectangle en tissu avec lequel on enveloppe le corps et que l'on attache d'un côté avec un nœud. Les hommes circulaient de place en place avec ces foutas, seule la partie haute du corps restant nue. Papa prenait une chambre pour nous deux, ainsi nous avions notre confort. Cette chambre nous servait pour le repos après le bain, en plus papa commandait un café pour lui et un thé pour moi. Puis nous restions allongés et couverts de plusieurs serviettes de bain. Cette visite au bain turc avait lieu toutes les fins de semaine. Le fait de me trouver avec les grandes personnes me donnait l'impression que j'étais moi aussi un adulte.

## LE COTAB (REBBI HANAYNA)

Je me souviens lorsque maman m'emmenait au « cotab » l'école religieuse juive qui se tenait dans la synagogue du « Rebat ». Cette synagogue, je le sus plus tard, fut fondée par mon arrière-grand-père Abraham Toubiana (né en 1829 à E'in Esemch), car l'ancienne synagogue et le cotab étaient devenus trop petits pour le quartier du Rebat. Je savais à peine marcher et prononcer quelques mots.

La synagogue était adossée à la maison de ma tante Fortunée. Je n'étais pas en âge d'apprendre, mais comme je ne laissais pas maman tranquille et pour avoir un peu de calme, elle me conduisait chez le rabbin. Elle lui glissait quelques pièces dans la main, pour qu'il me garde auprès de lui.

Le rabbin était vieux et pauvre et il voyait à peine de ses yeux. Il me prenait par la main et m'asseyait auprès de lui. Il enseignait surtout aux débutants à lire l'hébreu. Il avait plusieurs petites planchettes sur lesquelles étaient appliqués des deux côtés des lettres et des textes en hébreu. Il appelait les élèves, chacun à son tour pour lire.

Le rabbin ne bougeait pas de son banc. Il tenait ces planchettes à l'endroit vers lui et à l'envers vers l'enfant qui devait lire. Moi, qui étais assis du côté du rabbin, j'avais du moins le privilège de voir les écritures dans le bon sens. Le rabbin lisait les lettres et l'enfant devait répéter après lui :

« Alef, Beth, Guimel, etc. »

Moi je n'avais rien à voir avec ces leçons, mais à force d'entendre les répétitions, j'avais fini par apprendre à lire l'hébreu avant l'âge. Lorsqu'un enfant ne savait pas sa leçon le rabbin le grondait. N'étant pas habitué à ces observations, de peur, je commençais à pleurer. Alors, il prenait le soin, lorsqu'il grondait un enfant, de me prendre par la main et de me dire :

« Ce n'est pas toi que je gronde. » Puis il me faisait un sourire en signe de réconfort. Je passais ainsi des heures et des jours à observer et à attendre l'arrivée de maman. Quand elle venait me chercher, elle me demandait :

« As-tu bien appris ? »

Je ne comprenais pas à quoi elle se référait. L'essentiel c'était de retrouver la maison. Vu mon âge, je n'en étais pas conscient, mais aujourd'hui, quand je me souviens de ces jours, je revois le visage du rabbin avec un rayonnement qui répandait de la douceur et de la bonté. Les rayons qui émanaient de son front clair me font comprendre aujourd'hui un tout petit brin de la vie. Il inspirait le calme et la sécurité.

Plus tard cette synagogue devint mon école habituelle les jeudis et les dimanches. Ainsi j'appris tout d'abord le « Houmach » (les cinq livres de la Torah) ensuite ce fut évidemment la liturgie et le malouf religieux.

Plus tard j'allais à la petite synagogue de E'in Esemch. Les vieux étaient heureux de m'avoir avec eux.

Nos compatriotes musulmans nous respectaient et quoique la grande synagogue fût en plein Rebat, je ne peux me souvenir d'un seul incident où les musulmans aurait dérangé qui que ce soit à la synagogue ou en route vers la synagogue.

Aujourd'hui on voit des policiers postés devant les lieux saints, que ce soit en Europe ou en Amérique, les dimanches devant les églises et les samedis devant les synagogues. En mon temps je ne voyais jamais un policier posté devant un lieu saint et encore moins dans le Rebat ou à E'in Esemch, où les policiers ne rentraient pas du tout. Il existait un bon voisinage entre les habitants de Béja.

## MON RABBIN ISRAËL

Avant la guerre, quand nous habitions le Rebat, c'est ainsi qu'on avait nommé ce quartier, tous les jours nous allions à l'école. Les jeudis et les dimanches nous n'avions pas classe. Les jeunes garçons juifs allaient alors au cotab, l'école religieuse. La grande synagogue du Rebat, se transformait en école. C'était là que tous les garçons juifs se rencontraient. Ce n'était pas notre choix. Les uns venaient pour faire plaisir aux parents, les autres pour ne pas rester seuls dans la rue. Certains étudiaient sérieusement, d'autres venaient passer leur temps en s'amusant avec les autres. Dans l'ensemble c'était une occasion pour se rencontrer et connaître les autres enfants juifs de la ville. Mon premier Rabin c'était Rebbi Hanayna ensuite ce fut Rebbi Israël.

Rebbi Israël était le seul à s'habiller moderne, c'est-à-dire, qu'il portait un complet et un chapeau en feutre. Il était sévère, mais aussi sérieux et compétent. C'est lui qui nous avait enseigné les bases de la Torah. Mon cousin Alfred Boukhobza était un très bon élève, par sa conduite il était un exemple pour moi. Mes autres cousins n'étaient pas du tout attentifs, mais ils étaient sympathiques. Je me trouvais parfois entre les deux. Je les reconnaissais tout d'abord comme cousins, c'était plus important pour moi, mais ne voulant pas décevoir papa et maman, j'apprenais bien au cotab, tout en restant bon copain avec mes autres cousins.

De temps à autre des femmes juives venaient nous distribuer des gâteaux au miel, c'était une heure de détente de nos études. Elles faisaient des vœux et la charité envers les enfants était leur expression de gratitude envers Dieu. Elles savaient que le royaume des cieux appartenait aux enfants. Nous les jeunes étions heureux, nous chantions pour elles des chants religieux en signe de reconnaissance.

Entre l'école, le cotab, la chorale religieuse avec M. Belhassen et la chorale sioniste de M. Zakini, nos jours étaient bien remplis. En fin de journée, c'étaient les prières du soir, une obligation qui allait de pair avec notre réputation de bons élèves chez le rabbin. Honnêtement, toutes ces activités me plaisaient et je les faisais de bon gré, mais les prières du soir, je les faisais malgré moi. Je préférais flâner auprès de mes cousins à l'Oukala (bâtiment avec une cour intérieure et des chambres tout autour) ou auprès d'une de mes tantes.

Les courses que je faisais tantôt pour maman et tantôt pour papa ont été une partie de mon éducation. J'entends toujours résonner dans mes oreilles les bruits des passants et des marchands qui criaient et chantaient pour leur marchandises. Les foules des souks font elles aussi partie de cette enfance. Encore aujourd'hui la musique tunisienne que l'on entendait de partout résonne dans mes oreilles comme le bruit d'un seul orchestre qui m'accompagne le long du chemin de ma vie. Celui-ci me plonge dans mon être le plus doux.

## REBBI RAHMIN

Quand j'avais environ dix ans, j'ai eu un autre rabbin aux cours religieux. Il s'appelait Rebbi Rahmin. Il était très compétent et sévère. Au temps des fêtes, certaines familles invitaient la chorale religieuse pour leur chanter des bénédictions. Nous étions récompensés par une bonne réception et on nous offrait des friandises.

J'ose citer un exemple de ce rabbin. Un jour une pauvre femme invita le rabbin avec notre chorale. Lorsque nous fûmes chez elle, celle-ci nous offrit un goûter. Soudain un de nous fit une remarque au rabbin :

« Cette femme n'est pas tellement cacher », à quoi le rabbin lui répondit :

« Mange silencieusement, ce n'est pas important. » Nous étions confus d'entendre ces propos de notre rabbin. Plus tard il nous assembla pour nous donner une explication. Il nous dit gentiment :

« Même si nous étions convaincus qu'elle ne cuisinait pas selon les règles de la cachrout, nous devions nous taire car, attirer l'attention là-dessus aurait été une insulte et insulter un être humain est un plus grand péché que de manger ce qu'elle nous offrait de bon cœur. »

LES TRÉSORS CACHÉS

## E'IN ESEMCH

Lorsque j'avais neuf ans j'avais opté pour la synagogue d'E'in Esemch (l'œil du soleil) qui avait été aménagée par le grand-père de Leila Fitoussi dans une chambre au premier étage de sa maison dans l'ancien quartier arabe. C'était à E'in Esemch que la plupart des Juifs habitaient avant l'arrivée des Français à Béja.

Chacune des familles qui habitaient dans ce quartier pouvait raconter le passé lointain de Béja. Elles connaissaient l'histoire de chaque famille juive et musulmane qui habitait ou qui avait habité Béja. Elles déterminaient l'âge et les événements en fonction des années passés dans chacune de ces anciennes maisons du quartier. Cette synagogue servait de mon temps aux vieux qui n'avaient pas quitté le quartier. La nouvelle synagogue du « Rebat » était un peu loin pour les vieux. La plupart n'avaient jamais bougé de ce quartier, leurs familles y habitaient depuis des siècles.

Les samedis j'allais prier dans cette petite synagogue. Les vieux de cette synagogue étaient pauvres, mais ils étaient pieux et dégageaient de la bonté et de la gentillesse. Quand j'étais avec eux, je sentais que je respirais l'air de la vie. Ils me transmettaient de la sérénité. Un sentiment saint et une pureté humaine émanaient de leur personne. En un mot, ce qu'il y avait de plus haut dans l'homme. C'étaient pour moi des moments solennels. J'étais le seul enfant qui savait bien lire l'hébreu parmi ces vieux. Les femmes, avec leurs chemisettes bouffantes, leurs jupes faites d'un morceau de tissu qu'elles roulaient autour de leur corps, qu'on appelait «fouta», leurs têtes couvertes de « takritas » (foulards) attendaient en bas dans la cour et écoutaient les sons des chansons liturgiques et des prières qui sortaient par une petite fenêtre de la synagogue, que les hommes laissaient ouverte durant le service. Quand je lisais la paracha de la semaine du Sefer Torah, (le chapitre de la semaine du rouleau en parchemin), tous étaient silencieux pour m'écouter. Une fois la lecture terminée, je devais faire le tour de tous ces vieux qui me félicitaient avec des compliments hébraïques, comme : « Hazak Veématz » ou « Hazak ou Baroukh » ou «Tizke Le Chanim Rabot » ou « Tizke le Hayim ». (« Sois fort et courageux » ou « Sois fort et béni» ou « Que tu vives de nombreuses années » ou « Que tu mérites la vie »). C'était la coutume.

Une fois les prières du samedi terminées, ces femmes nous accueillaient dans la cour où elles avaient préparé la table avec de la Boukha (boisson alcoolisée de figues) et de la « Tfina Kameh » (pieds de veau avec du blé) ou de la « Tfina Camounia » (pieds de veau avec des pois chiches, de l'ail et du cumin) ou de la « Tfina Pekaïla » (épinards frits à l'huile avec des pieds de veau et de la viande) ou encore de la « Tfina Nikitous » (une soupe de poulet préparée avec des morceaux de céleri et des pâtes fines rondes faites à la main) qui avaient cuit lentement toute la nuit et que l'on mangeait avec les graines de couscous. Chaque semaine nous nous régalions d'une autre Tfina. En sortant je me sentais purifié par tout ce que cette ambiance créait. Ces sentiments me pénétraient jusqu'au tréfonds de moi-même, je les gardais jalousement comme un trésor sacré et en sortant, de peur de les perdre, j'évitais mes meilleurs amis, que je pouvais rencontrer dans la rue. Je flânais dans les ruelles qui me paraissaient vides, afin de retarder mon retour à la maison. Ainsi je réussissais à prolonger cet agréable état d'âme. Je me croyais le seul à être enveloppé de ces doux sentiments. Je les considérais personnels et sacrés. Mes parents et mes amis ne pouvaient pas comprendre que mon isolement était volontaire. J'avais beaucoup de compréhension et du respect pour eux.

Aujourd'hui je me sens privilégié de pouvoir me réfugier à certains moments dans ces agréables souvenirs. Je me rends compte, qu'il n'est pas donné à tout le monde de trouver son petit coin personnel et paisible. Malgré notre évolution dans la vie, nous avons tous le besoin de nous retirer en nous-mêmes et dans notre propre monde. Ce même sentiment émanait aussi d'un vieil homme musulman qui était pieux et qui venait visiter papa au magasin, ce qui me fait penser que certaines personnes possèdent cette sérénité, sans rapport à la religion à laquelle elles appartiennent. Depuis j'ai appris à respecter tous les êtres, quels qu'ils soient.

L'amour n'a rien à faire avec le corps physique, mais c'est plutôt ce que l'on ressent à l'intérieur de nous-mêmes, c'est un courant agréable qui nous pénètre et nous inonde. Il nous fait renoncer passivement à tout ce qui nous paraissait jusqu'à présent important et nous fait réviser notre façon de penser et de voir les choses. L'ordre des priorités change.

LES TRÉSORS CACHÉS

# LE PÈLERINAGE DE REBBI FRAJI DE TESTOUR

## INTRODUCTION

Je me souviens des beaux pèlerinages de Testour, auxquels j'avais participé avec mes parents et mes cousins et cousines. Tous les ans on allait au pèlerinage de Rebbi Fraji Chaouat de Béja. L'aperçu historique se base sur la chanson de geste, chantée par les femmes et les hommes des communautés qui participaient aux pèlerinages ; sur les contes de mon père, les récits qu'il me transmit de son père et de son grand-père, que je n'avais hélas pas connus, et sur les dires de ma mère, de ma grand-mère paternelle et de ma grand-mère maternelle, ainsi que sur les confirmations de mon arrière-grand-père, de mon arrière-grand-mère et de son frère, qui étaient encore vivants quand j'étais jeune. À cela s'ajoutent mes propres expériences des pèlerinages auxquels j'ai participé depuis mon jeune âge et les maassiot (histoires) que nos rabbins nous racontaient lorsque nous étions sages au cotab, sans oublier les témoignages de la communauté de ma ville Béja, où j'ai grandi.

Personne ne connaissait le nom du secrétaire du rabbin, mais vu que je considère son témoignage comme une des bases de ce récit, j'ai trouvé nécessaire de donner un nom à un homme aussi important. J'ai choisi le nom de Haï pour le secrétaire de Rebbi Fraji, car selon la tradition, une personne qui est passée dans l'au-delà est toujours vivante et on use de ce nom pour se référer à elle. On dit que celui qui sert un tzadik (un juste) devient lui-même un juste. Dans la chanson de geste on parle de la fonction de la personne qui assistait le rabbin comme d'un « gozbar » ce qui veut dire secrétaire.

Je sais qu'il y a d'autres versions, toutefois pas béjaoises, qui sont légèrement différentes de la mienne et qui parlent d'un serviteur et non d'un secrétaire ainsi que d'une mule et non d'une jument. De ma part je n'ai jamais entendu parler d'une mule à Béja et la chanson de geste confirme la version avec la jument. Du reste, cela m'aurait étonné que Rebbi Fraji ait demandé que son corps soit mis sur un animal croisé, pas naturel. Je sais que mon grand-père qui était religieux et croyant ne montait jamais sur une mule. La plupart des vieux de son âge avaient des juments et pas des chevaux.

# LES TRÉSORS CACHÉS

## LA LEGENDE

On raconte qu'au début du dix-septième siècle Rebbi Fraji Chaouat vivait à Béja. Il était très pieux et charitable et savait guérir les malades. La communauté juive de Béja, qui le vénérait pour ses connaissances de la Torah et sa gentillesse exceptionnelle avait mis à sa disposition un secrétaire juif qui s'occupait de ses besoins quotidiens. Ce secrétaire avait une chambre dans la même maison, il n'avait qu'à traverser la cour intérieure pour aller chez le rabbin. Le nom du secrétaire était Haï. C'était un vieux célibataire qui avait presque soixante ans lors de la mort de Rebbi Fraji et qui avait servi le charitable et généreux rabbin avec grand dévouement.

Rebbi Fraji était économe et comptait chaque sou, mais quand Haï lui faisait ses achats, le rabbin tenait à rembourser la somme dépensée en y ajoutant toujours une somme pour honorer le secrétaire. À chaque fois Haï refusait de prendre de l'argent, tant il vénérait le rabbin. Un jour Rebbi Fraji lui dit :

« Mon cher ami, puisque D' t'a envoyé à

moi Il attend de moi que je sois bon avec toi, car si j'avais été seul, que serait-t-il advenu de moi ? Je t'en prie, si tu veux m'aider, ne refuse pas l'argent que je te dois pour tes efforts. » Le secrétaire prit l'argent que lui offrait le rabbin et avant de s'éloigner il lui baisa la main. À son tour Rebbi Fraji le bénit avec ces paroles hébraïques en passant la main sur sa tête :

« Yevarekha Adonaï Veyichmerekha. » (Que D' te bénisse et te garde.) D'après les dires du secrétaire à chaque fois que le rabbin le bénissait, il sentait un courant agréable qui traversait tout son être et le laissait dans un état serein et paisible pour la durée de la journée.

Un jour, avant de se retirer Haï demanda au rabbin s'il avait encore besoin de quelque chose. Rebbi Fraji lui dit :

« Haï, que le Seigneur te donne une longue vie, je crois que là-haut on m'appelle et je vais tout faire de sorte que le matin je serai lavé et habillé de ma robe de nuit blanche. Quand tu rentreras le matin dans ma chambre je serai déjà parti, mais ne t'inquiète de rien, tu n'auras rien à faire, simplement tu diras aux membres de la communauté juive de Béja de mettre mon corps sur ma jument. Elle connaît le chemin vers ma loge finale sur cette terre et là où elle s'arrêtera c'est là où il faudra creuser. Ma tombe doit être simple et sans ornement. » Haï écouta son maître, tout ému baisa sa main et se retira lentement vers sa chambre ne sachant quoi penser de ce qu'il venait d'entendre de la bouche du rabbin.

A peine rentré dans sa chambre il se jeta dans son lit et sans même avoir enlevé ses habits le fidèle secrétaire mit sa tête sur son oreiller et le sommeil l'emporta. Tôt le matin il se réveilla en sursaut lorsqu'il vit les premiers rayons de soleil pénétrer par la fenêtre qui donnait vers la cour. Haï s'en voulait de ne pas s'être réveillé plus tôt pour voir le rabbin. Il fit une rapide toilette et se dirigea vers la chambre du rabbin.

D'habitude lorsqu'il s'approchait de la chambre, le rabbin disait toujours :

« C'est toi Haï ? » Cette fois-ci il y avait un silence et à nouveau il sentit les mêmes sensations que lorsque le rabbin le bénissait. Il entra dans la chambre. Il trouva le rabbin allongé sur son lit comme s'il dormait. Haï ne croyait pas que le rabbin était mort, il s'approcha du lit pour voir de plus près et à sa grande surprise le corps du rabbin avait les yeux fermés et semblait plongé dans un sommeil éternel. Haï mit sa main droite sur les yeux du rabbin et fit « Chema Israël » puis il ferma gentiment la porte pour ne pas faire de bruit et s'empressa vers la synagogue d'E'in Esemch pour alerter les Juifs qui faisaient encore la prière de « chahrit ». La nouvelle du départ du rabbin secoua les présents, puis tous interrompirent brièvement la prière matinale pour écouter les dires de Haï sur la dernière volonté du rabbin.

Après que la prière matinale fut terminée, la communauté entière, du petit au grand, se précipita vers la maison du rabbin. Ils prirent le corps du rabbin et le mirent sur sa jument, comme le rabbin l'avait voulu. Ensuite, tous les présents formèrent un cortège. Aussitôt la jument prit la direction du sud-est et se mit en route. Elle avança vers ce qui est aujourd'hui l'avenue Sidi Frej. Au fur et à mesure qu'elle avançait, les membres de la communauté juive la rattrapaient et le cortège s'agrandissait.

Dans ce temps-là la Tunisie était gouvernée par le bey qui était nommé par l'empire ottoman. Sa fonction était comme celle d'un gouverneur mais il devait rendre les comptes au sultan turc pour les activités quotidiennes et encaisser les impôts des habitants et des commerçants. En général le bey chargeait son fils ou désignait un officier pour encaisser les impôts. Il mettait à leur disposition des jeunes soldats (des janissaires) que l'empire lui envoyait. Le fils du bey ou l'officier allait d'une région à l'autre pour encaisser les impôts et pour cela il campait dans certaines régions. Dans le cas de cette histoire le campement des soldats du bey était dans la région du nord. On appelait ces camps des camps volants. Quand les impôts étaient encaissés le fils du bey et ses soldats rentraient avec l'argent à la résidence du bey à Tunis.

Après des heures et des heures de marche, la jument atteignit un camp volant du bey. Le gardien qui était à l'entrée du camp leva la main pour arrêter le cortège et d'après les dires de papa, sa main resta en l'air et il ne put plus la rabaisser. La jument avança tranquillement. La même chose qu'au gardien arriva à l'officier qui voulait intervenir. Les soldats qui voyaient cette scène étaient furieux et ne comprenant pas ce qui s'était passé accoururent pour arrêter et même frapper toutes les personnes du cortège. Ces soldats à leur tour s'immobilisèrent devant la jument qui continuait gentiment son chemin dans la direction de Testour, sans souci.

« Oh, mon Dieu ! » disaient les soldats du bey, voyant que tous les bras qui voulaient frapper le saint et ses compagnons étaient paralysés. Chacun croyait vite intervenir, mais bientôt ils furent plus de cent soldats avec le bras en l'air sans pouvoir le bouger. Le prince, alarmé par le bruit des soldats, sortit de sa tente et voyant ses soldats affolés, il comprit qu'il s'agissait de quelque chose de très particulier et non pas d'une révolte ou d'une attaque. Il salua le cortège et demanda aux gens qui accompagnaient la jument :

« Qui est ce mort ? » Haï, le secrétaire de Rebbi Fraji avança et se présenta au prince en disant :

« Votre Altesse Beylicale, je suis le secrétaire de cet honorable rabbin et c'est sa dernière volonté d'être enterré là où sa jument s'arrêtera. Nous suivons justement la jument afin que sa volonté soit respectée. » Le prince comprit et s'exclama :

« Alors dites-moi que c'est un saint ! » Toute la communauté qui n'osait pas dire un mot sur Rebbi Fraji fit comme d'une seule voix :

« Oui, notre prince, c'est même un grand saint ! »

Le prince se précipita devant la jument et fit :

« Samahna Ya Sidi Ma Refnachi Karek. » (Sire, pardonnez-nous, nous ne connaissions pas votre honneur et grandeur.) Puis il s'adressa à ses officiers et soldats et leur dit :

« Mais vous êtes des imbéciles, vous ne voyez pas qu'il s'agit là d'un saint ! Allez, exécutez sa dernière volonté. » Ensuite il s'adressa au rabbin avec ces paroles :

« Ya Sidi, Enouaslouek Bel Tabal ou Bel Zokra Hata Lel Emken. » (Sire, nous vous accompagnerons avec le tambour et le biniou jusqu'à votre endroit.) Et ainsi tous les soldats se trouvèrent les mains libérées et se joignirent au cortège avec la musique et les tambours. La jument fidèle à son maître continua son chemin et arrivée à Testour, à la fin d'une rue du village, elle s'arrêta et s'assit comme une femme fatiguée. Les Juifs et les Arabes qui accompagnaient le rabbin se mirent à creuser la tombe selon le rite juif.

Depuis ce temps, Rebbi Fraji est très respecté par les communautés juive et musulmane de Béja.

## LE PÈLERINAGE

Depuis la mort du rabbin, le pèlerinage annuel se tenait à Testour auprès de sa tombe. De notre temps, la route avait changé et passait par les montagnes du Monchar et par Medgez-El-Bab.

C'était la tradition que chaque année les Juifs de toute la région du nord, de Tunis jusqu'en Algérie fissaient le pèlerinage de Rebbi Fraji Chaouat qui était enterré à Testour. La plupart des Juifs de Béja et des alentours y allaient à pied. Le fait que la jument de Rebbi Fraji ait choisi Testour n'était peut-être pas un simple hasard. Selon certains « Testour » en sumérien veut bien dire Terre Sainte.

Chaque année on se préparait à l'avance pour ce pèlerinage, qui se tenait à Soukot, la fête des tabernacles, qui symbolise la vie dans le désert durant l'exode des Israélites d'Egypte. L'après-midi du premier jour de Hol-ha-moëd (les jours ouvrables entre les premiers et les derniers jours de la fête) toutes les familles juives se groupaient sur l'esplanade de l'avenue de la République et chaque famille formait une caravane. Chacune apportait avec elle des victuailles et un mouton. Il y avait des familles qui préféraient l'abattre à Béja, d'autres suivant le rite des sacrifices le prenaient vivant et l'abattaient à Testour. Les caravanes comptaient quelques centaines de personnes. Elles se formaient devant l'ancien Café Bijaoui d'avant guerre. Les caravanes se composaient des membres de chaque famille, et à ceux-là se joignaient les voisins ou certains amis qui avaient une même affinité. Certaines amitiés se nouaient juste avant ou pendant les jours du pèlerinage.

Pour nous, les enfants, c'était une grande excursion et aventure. Chaque famille essayait de tenir les enfants à côté, mais les familles s'entremêlaient et les parents commençaient à perdre la patience. Plus d'une fois une famille chercha un de leurs enfants, ou un enfant égaré chercha ses parents. Ces délais retardaient le départ de la grande caravane béjaoise.

Les habitants musulmans de notre ville venaient nous souhaiter un bon pèlerinage et nous apportaient des fruits et des pains frais.

J'avais plusieurs fois participé aux pèlerinages. D'année en année les amitiés changeaient. C'était ainsi que les familles faisaient la connaissance des enfants, des parents et des grands-parents des autres. Les caravanes commençaient la marche d'abord vers le stade de football afin de s'organiser et de créer des distances entre les grandes familles. Les vieux de chaque famille étaient les chefs de file. Ceux-là marchaient devant, en tête de chaque famille. Les hommes et les enfants qui pouvaient marcher allaient à pied. Les vieilles femmes montaient sur des charrettes ou en calèche, que certains possédaient et certains louaient. Certains vieux montaient à cheval ou à dos d'âne. Certains louaient des ânes avec leurs propriétaires. Les jeunes hommes de chaque famille restaient à l'arrière pour protéger les femmes. Certaines familles étaient très grandes. La caravane du pèlerinage était si longue qu'on ne voyait pas sa fin. Presque tout le monde était d'une façon ou d'une autre cousins et cousines, du fait que les mariages entre Béjaois étaient fréquents. Un jour mon père me disait :

« Si tu veux savoir, tout Béja est une seule famille. »

La route de Béja à Testour passe par Medjez-El-Bab. La distance et d'environ soixante-dix kilomètres. La première étape est de quarante-cinq kilomètres et la deuxième, de Medjez-El-Bab à Testour est de vingt-cinq kilomètres. Les premiers kilomètres étaient les plus agréables. La route était plus ou moins droite, les jeunes se sentaient les plus forts, un esprit de compétition se créait parmi eux. Mais dès que l'on dépassait les vieux, nos pères nous rappelaient qu'il fallait ralentir pour permettre aux femmes et aux vielles personnes de maintenir le rythme avec nous. Le trajet de Béja jusqu'à Medjez-El-Bab durait jusqu'au matin, on allait doucement, on chantait des chants judéo-arabes.

Medjez-El-Bab représentait la première étape et notre caravane de Béja était toujours la première. On y arrivait tôt le matin. On attendait sous les eucalyptus. On profitait de cet arrêt pour manger. Certains tiraient de leurs sacs des sandwichs, du pain de maison, des œufs durs, des olives, d'autres des ma'akoud ou des plats cuisinés, et encore de boulous, des cakes, des bichcoutous et des fruits. Tout était froid mais bien mangeable, car après cette longue marche nous avions tous grande faim. Les enfants sautaient d'une famille à l'autre et se ramenaient avec des friandises que les autres familles leur offraient. Chaque famille donnait de ses bonnes choses aux autres.

Vers dix heures du matin les premières caravanes de Tunis et d'autres villes arrivaient à Medjez-El-Bab. Les caravanes s'arrêtaient pour se reposer et se débarbouiller et retrouvaient les Béjaois qui les attendaient. Les eucalyptus faisaient un ombrage agréable aux familles qui se réorganisaient pour la dernière étape vers Testour.

La caravane de Tunis arrivait toujours avec des musiciens qui jouaient de la Zokra (flûte tunisienne ou biniou), de la Darbouka (un genre de tambour nord-africain) et d'autres qui jouaient el Oud ouel Ejrana (du luth et du violon). On continuait ensemble la route jusqu'à Testour.

Quand on arrivait, les habitants de Testour, qui du reste étaient paraît-il les descendants des Arabes et des Juifs venus ensemble d'Andalousie après la défaite arabe en Espagne, nous attendaient avec des youyous. Il faut retenir que les juifs et les musulmans ouvraient leurs portes aux pèlerins. Chaque famille juive était hébergée dans une maison. Les maisons de Testour étaient construites autour d'une cour qui donnait accès à chaque chambre. Les habitants libéraient une ou plusieurs chambres et chaque famille juive en prenait une. Une fois que les familles avaient pris possession temporaire des lieux, celles-ci étaient libres d'aller à la tombe du saint à tout moment.

Les femmes de Testour préparaient des Jradeqs, un genre de pita (les Tunisois l'appellent « Khobz Tabouna », bien connue dans le nord de la Tunisie). La plupart des musulmans refusaient le payement pour le logis et pour les Jradeqs. Ma maman avait toujours besoin de beaucoup de temps pour s'occuper de la famille avant d'aller visiter la tombe. En attendant, nous les jeunes, qui étions impatients, nous sortions dehors comme les premiers éclaireurs. Les rues de Testour étaient semblables aux rues du quartier arabe de Béja. Nous nous amusions à visiter d'autres rues sans toutefois perdre de vue la rue de notre domicile temporaire. À cette occasion on faisait la connaissance de jeunes enfants venus d'autres villes, certains nous invitaient chez eux, nous invitions des nouveaux amis chez nous. Ainsi nous maintenions nos parents toujours en action. On passait un jour ou deux à Testour, pleins de joie et de gaieté.

Pour les Juifs du nord de la Tunisie y compris les Juifs de Bone et de Constantine, le pèlerinage de Testour était aussi important que le pèlerinage de la Ghriba à Djerba l'est pour les Juifs du sud tunisien. On dit que l'avenue Sidi Frej de Béja était au nom de Rebbi Fraji. Alors, le chemin de Testour passait par le pont Trajan ; le cortège de Rebbi Fraji passait par le chemin qui était devenu Sidi Frej. Certaines familles faisaient le pèlerinage de la Ghriba à Djerba, du Maarabi près de Gabès et enfin, de Rebbi Fraji à Testour. Les Tunisois avaient aussi leur saint, Rebbi Hai Taieb Lo Met au vieux cimetière de Tunis. Son pèlerinage était très important pour les Juifs tunisois.

Je me souviens de notre première visite à la tombe du saint. Le mausolée de Rebbi Fraji était plein de pèlerins. La tombe se trouvait au centre d'une grande salle. Les femmes et les enfants chantaient et faisait des vœux. Puis du coup le corps des musiciens avec les binious et les tambours jouait des sons qui résonnaient et électrisaient tous ceux qui étaient présents, avec le rythme accéléré de la chanson de Rebbi Fraji. « Lah Y Lana, Lah Y Lana Essayed Icoun Ema'ana. » Certains rentraient dans l'extase de la danse, certaines femmes suivaient le rythme, jusqu'à en perdre la tête. Dans ce chahut je me souviens aussi du moment où comme un silence de l'âme s'accapara de moi et je sentis le rayonnement qui emplissait tout l'espace et mon être. C'est ainsi que je saisis la croyance en une force suprême. De même je compris que cette force jaillit dès que nous nous trouvions dans la joie. Dans ces moments, tous les problèmes qui nous accablent tous les jours disparaissaient. Les visiteurs donnaient des offrandes sans réserve. Ils apportaient des plateaux de briks, de makrouds, de yoyos, des beignets au miel, des manicotti, des dragées, des cakes, des boulous, des bichcoutous, etc. Certains distribuaient même de l'argent. Une atmosphère de sérénité et d'une douceur particulière remplissait nos cœurs. La bonté et la générosité abondaient. Les musulmans se réjouissaient avec nous. Nous nous sentions du coup des frères et des sœurs. Voici ce que les souvenirs des pèlerinages de Rebbi Fraji réveillent en moi et j'espère que cette joie se répand sur tous ceux qui lisent ces lignes.

J'ai entendu beaucoup d'histoires sur les miracles que le pèlerinage de Rebbi Fraji avait apportés. C'était devenu une tradition chez les juifs et chez les musulmans, que celui qui avait un vœu, allât prier sur sa tombe et son vœu était exaucé. J'avais été témoin d'une amie de ma mère qui habitait à Bone « Anaba » (Algérie) et qui n'avait pas pu avoir d'enfants depuis qu'elle s'était mariée. Elle était restée treize ans sans enfants. Ma mère l'avait invitée à participer avec nous au pèlerinage de « Rebbi Fraji » afin de prier pour un enfant. L'année d'après, elle avait visité avec nous la tombe du saint et neuf mois plus tard elle avait accouché d'un garçon. Depuis, chaque année elle venait au pèlerinage avec son fils.

## LA CHANSON DE REBBI FRAJI

À travers les âges une chanson de geste a été créée. Elle nous a été transmise de génération en génération et reflète le côté historique du personnage de Rebbi Fraji et du chemin que sa jument avait choisi. En toute occasion heureuse on chante cette chanson de joie, qui raffermit la foi des Juifs tunisiens.

Voici la chanson de geste de Rebbi Fraji Chaouat, selon ma mémoire et la mémoire des membres de notre ville. Elle est encore incomplète. Je remercie ceux des lecteurs qui se rappellent d'autres versets, de bien vouloir me les transmettre, afin que je puisse les insérer et conserver la chanson complète pour les générations à venir.

## LES TRÉSORS CACHÉS

Lah Y Lana, Lah Y Lana, Ourebi Fraji Machi Ema'ana
*Lah Y Lana, Lah Y Lana, et Rebbi Fraji marche avec nous*

Yagozbar Eija Kodami Esma Ou Matekhlefchi Klami
*Secrétaire, venez devant moi, écoutez et ne changez pas mes paroles*

Rani Lioum Mkemel Ayami, Ou Machi A'nd Rabbi Moulana
*Aujourd'hui-même mes jours vont s'achever et j'irai chez notre Seigneur*

Lah Y Lana, Lah Y Lana, Essayed Icoun Ema'ana.
*Lah Y Lana, Lah Y Lana, le seigneur\* sera avec nous*

Erebbi Sala Minha Oujdoudou Za'akou Bel Farha,
*Le Rabbin a prié Minha et ses ancêtres ont crié de joie*

Oulioum Na'amlou Simha Le Sayed Elima'na.
*Et aujourd'hui on fera une fête pour le seigneur\* qui est avec nous.*

Lah Y Lana, Lah Y Lana, Ourebi Fraji Ichebet Ema'ana
*Lah Y Lana, Lah Y Lana, et Rebbi Fraji passera le shabbat avec nous*

Zaylet Erebi Mshat Ousebket Jmi El Qahal Alaha Kholtet
*La jument du rabbin s'avançait et la communauté la rattrapait*

Lah Y Lana, Lah Y Lana, Al Emra El A'yana,
*Lah Y Lana, Lah Y Lana, pour la femelle fatiguée*

Lah Y Lana, Lah Y Lana, Ourebi Fraji Machi Ema'ana
*Lah Y Lana, Lah Y Lana, et Rebbi Fraji marche avec nous*

El Assas Qaed Io'ss Yebssed Yedou A'l Leqfal,
*Le soldat montait la garde et sa main s'est raidie sur la gâchette*

Qal Oualah Manheb Eno'ss Hata Yessarhni Maoulana.
*Il a dit : « Pour l'amour de Dieu, je ne veux plus garder,*
*Jusqu'à ce que ce seigneur\* me libère. »*

Lah Y Lana, Lah Y Lana, Essayed Icoun Ema'ana.
*Lah Y Lana, Lah Y Lana, et le seigneur\* sera avec nous*

Samahna Ya Sidi Ma Refnachi Karek
*« Sire, pardonnez-nous, nous ne connaissions pas votre valeur*

Enouaslouek Bel Tabal ou Bel Zokra, Hata Lel Emken
*Nous vous accompagnerons avec le tambour et le biniou jusqu'à votre endroit. »*

Lah Y Lana, Lah Y Lana, Ou Rebbi Fraji Ichebet Ema'ana
*Lah Y Lana, Lah Y Lana, et Rebbi Fraji fera le chabat avec nous*

Zaylet Erebi Mshat Oosebqet OuJat Fi Qalb Testour Ouberket
*La jument du Rabbin marchait et devançait. Elle est arrivée au cœur de Testour et s'est affalée*

Lah Y Lana, Lah Y Lana, Metlet Emra El A'yana
*Lah Y Lana, Lah Y Lana, comme une femme fatiguée.*

\* Rebbi Fraji

## L'HÉRITAGE

Bien après le départ de mes chers parents je me suis rendu compte qu'ils m'avaient laissé un héritage culturel et spirituel qui en son temps ne me paraissait pas important. Ce n'est que des années après leur départ de ce monde, que je commençai à évaluer sa portée. Les décès de ces êtres se passaient en silence sans qu'on puisse échanger un mot. Ceux qui partent et ceux qui les entourent n'osent pas penser ou accepter leur fin sur terre, mais la douleur des vivants se fait sentir. Chacun souffre à sa façon dans la solitude. Seul le temps peut cicatriser la peine.

Des années ont passées depuis que toutes les personnes que j'aimais nous ont quittés l'une après l'autre. Elles ont laissé leurs corps qui leur avaient servi durant de longues années. Ce n'est que maintenant que j'essaye de mettre par écrit mes sentiments de jadis, que j'avais pensé garder pour moi seul.

Ces êtres m'ont enveloppé de leur amour et m'ont enrichi de leurs expériences. Ils m'ont laissé des belles et précieuses histoires pour les générations à venir.

« Nous ne nous rendions même pas compte que nous vivions dans la grâce avec nos concitoyens », me disait mon ami d'enfance Brahem.

Aujourd'hui, après tant d'années, je me rends aussi compte, combien nos obligations quotidiennes nous préoccupaient et nous privaient du plaisir de laisser libre cours à nos mémoires. On est tellement pris par les soucis du jour, qu'on devient insensible tant au passé qu'au présent. Hélas on ne reconnaît le présent que lorsqu'il devient passé. Mais devant la perte d'un de nos chers aînés, toutes les obligations nous paraissent aujourd'hui banales. Il ne nous reste qu'à donner du respect à la personne qui est partie en assistant ses proches et en gardant son esprit vivant par tout ce qu'elle nous a laissé.

Nous devons parfois passer l'absurde pour nous confronter à la vérité. Rien n'est aussi cher qu'une mère, un père ou des frères et des sœurs. Nous pensons souvent qu'il est nécessaire de faire ceci ou cela, mais rien n'est plus important que la famille. C'est le premier maillon d'une chaîne, à laquelle nous étions physiquement et directement liés, qui se détache, lorsqu'un de nos proches nous quitte. Ce n'est qu'une fois les choses passées que l'on se rend compte du degré de leur importance.

Nous sommes bridés par les chaînes de l'existence matérielle, par la peur de l'inconnu, par des souffrances que nous avons connues, par nos propres expériences et par mille et une choses qui en réalité n'ont aucune importance. Nous sommes ainsi inconsciemment hantés par les soucis du lendemain. La peur nous paralyse et nous prive de nos meilleures facultés. La peur n'a jamais fait de bien à personne. Elle nous fait prendre des décisions avec hâte et sans réflexion. Elle nous diminue et essaye de nous ensevelir jusqu'à être presque à sa merci. Parfois elle nous sauve quand elle nous retient de faire quelque chose qui pourrait être nuisible.

J'ai vu le départ de mes grands-mères et grands-pères, de mon père, de ma mère, de mes tantes, de mes oncles, et d'autres membres de la famille, des amis ou simplement des personnes qu'on a connues dans un moment ou un autre. Certes, ils nous ont manqué parfois même de leur vivant, dû à l'éloignement ou tout simplement par le manque de temps. Maintenant ils nous manqueront pour la durée de notre vie sur cette planète. Ainsi c'était pour tous les vieux membres de la famille, puis pour les amis que nous aimions et que nous avons vus passer l'un après l'autre. Les scènes tristes se répètent tous les jours, une fois pour l'un, une fois pour l'autre et la vie continue.

Aujourd'hui je regrette de n'avoir pas eu l'occasion de partager longuement leurs histoires et de poser les questions qui ne me venaient pas à l'esprit lorsqu'ils étaient encore parmi nous. Il fallait leur dédier plus de temps et d'attention, ceci aurait ajouté une richesse aux trésors spirituels qu'ils nous ont laissés.

Aujourd'hui seulement nous réalisons qu'ils ne nous ont pas vraiment quittés et parfois nous sentons leur présence en nous-mêmes. Leurs histoires, leurs chansons de geste, leurs paroles de sagesse, leurs proverbes et leurs expressions nous accompagnent. Ils les font revivre en nous dans les moments de besoin. Ils ne sont plus physiquement avec nous, mais ils vivent en nous. Ils nous paraissent aujourd'hui plus proches de nous qu'ils ne l'ont jamais été. Aux moments de tristesse on ne sait pas toujours exprimer ce que l'on ressent au fond de son cœur.

C'est ainsi que j'avais pensé formuler ma prière en plongeant dans le passé et en faisant revivre mes sentiments pour ces êtres à travers leurs histoires ou leur façon de vivre, en relatant un épisode ou un autre. Je suis retourné dans mon pays et dans ma ville pour revoir les choses dans l'esprit de jadis. Ils nous ont laissé un héritage qui seulement, après tant d'années, nous dévoile son vrais sens et sa juste valeur. C'est ainsi que je pense exprimer ma gratitude envers tous les êtres que j'ai connus.

Nous devons d'abord passer nos propres expériences, pour pouvoir mieux distinguer le vrai du faux, le bon du mauvais. Certes il y a l'histoire qui nous sert aujourd'hui de leçon, que ce soit celle apprise à l'école ou dans les universités ou simplement celle qui nous a été transmise de vive voix. Mais il y a aussi les histoires de chaque pays, de chaque peuple, de chaque famille et de chaque être, même si celles-ci représentent un témoignage familial, elles constituent tout de même des preuves de mémoire individuelle et collective.

Je ne peux pas raconter l'histoire de chacune des personnes que j'ai connues, même si je l'aurais voulu, car il me manquerait les détails de l'une ou de l'autre. Le mieux que je puisse faire pour mes enfants, pour la future génération et pour les êtres qui ont les mêmes affinités que moi, c'est de relater les choses qui m'ont aidé à vivre mes propres expériences et qui m'ont aidé à trouver mon chemin. C'est à eux que je m'adresse. Chacun jugera par lui-même, ce qui est à prendre ou à laisser.

En somme, chacun doit passer ses propres expériences et ce ne sont qu'elles qui comptent. Il fallait que je plonge parfois à travers plusieurs générations et à travers différentes époques que j'ai connues. J'ai même plongé dans l'histoire lointaine pour extraire certains faits, afin de donner une certaine authenticité qui permettra à chacun d'extraire ce qui sera pour lui le plus essentiel.

Je me suis appliqué surtout à faire ressortir ce qui pourrait servir de trait d'union entre différentes époques, différents peuples et différentes personnes. Que ce soit notre histoire ou celle des autres, elle renferme en elle beaucoup de bons et de mauvais exemples qui contiennent des vérités. J'ai préféré chercher ceux qui me semblaient bons, ceux qui pourraient unir et ceux qui pourraient nous enrichir. Le choix est donné à chacun de prendre du tas de ces exemples, ceux qui pourraient l'aider dans sa vie. Si nous devions nous poser des questions, pourquoi ce fut ainsi et pas autrement, ou ne nous arrêter que sur le négatif, nous nous bloquerions nous-mêmes les voies qui pourraient nous conduire vers la vie de demain et vers la vie tout court.

Tout n'est pas parfait dans la vie mais tout n'est pas imparfait non plus. Il ne peut y avoir qu'un seul parfait. C'est à nous de savoir discerner le meilleur qui nous entoure et qui saute aux yeux. Regardons un peu la nature, les belles fleurs, les oiseaux, les belles musiques, les belles peintures, la littérature, l'art de vivre, les belles choses qui nous font plaisir. Ce n'est qu'alors qu'on se rend compte que les questions que nous nous sommes posées, sont fausses à la base. Il faut enfin les rédiger autrement pour trouver la juste réponse. Notre devoir est d'aspirer au parfait sans se soucier des résultats. L'essentiel est de faire de son mieux. Le reste il faut le laisser à la grâce.

En fouillant dans ma mémoire et surtout dans mes sentiments les plus profonds et les plus honnêtes, je retombe dans mes origines, car c'est bien en elles que je peux puiser mes forces. L'origine de l'homme commence d'abord par lui-même, puis par la famille, par la ville où il est né et ce n'est qu'ensuite qu'il cherche le peuple ou la nation auxquels il appartient. Chez les Juifs ces rapports sont complexes. On se demanderait si les millénaires ou les siècles passés sont les plus proches. Est-ce l'appartenance religieuse, nationale, ou l'action de soi-même qui déterminera notre futur et notre existence ? Est-ce l'histoire des générations que nous connaissons ou celle du destin de notre peuple qui nous dictera le chemin à suivre ? Est-ce les peuples avec lesquels nous avons une langue commune ? une culture commune ? une musique commune ? un mode de vie semblable ? ou d'autres qui sont reliés à nous par l'histoire ? par la religion ? ou encore la nation où nous vivons actuellement, qui détermineront notre futur ?

Le choix est très vaste et compliqué. Plus le choix est grand, plus notre décision est incertaine. Il tient à nous de discerner et de donner priorité selon notre volonté, parfois juste et parfois fausse. Les meilleures décisions que j'ai prises dans le passé ont été celles que j'ai prises par nécessité. La nécessité est la loi de l'univers. Mon père disait :

« Es Sbab Y Kasser Es Slassel Lahdid. » (La nécessité brise les chaînes en fer.) Une fois que nous avons pris conscience des faits, c'est là où il faut être honnête avec soi-même et les autres, sans chercher à vouloir plaire ou jouer la comédie, car dans le fond c'est à nous-mêmes que nous devons en fin de compte répondre pour être en paix avec notre propre conscience.

Il suffit de faire une petite promenade à travers les diverses expériences que nous avons passées, à travers les années et à travers les histoires vivantes que nous avons vécues ou connues, pour constater que les êtres que nous avons connus sont vivants et nous accompagnent tout le long du chemin que la vie nous fait parcourir. C'est ainsi que nous constatons que nous avons en fait un énorme héritage dans lequel nous pouvons puiser selon nos besoins quotidiens. Une source inépuisable d'eau claire est constamment à notre disposition, en bref, des trésors cachés.

L'essentiel est de reconnaître tous les sentiments en nous. Chaque sentiment est une force indépendante sans conscience. C'est à nous de savoir les diriger de sorte qu'ils soient tous unis avec notre conscience. C'est ainsi que nous réalisons que grâce à ces sentiments notre conscience s'enrichit d'un pouvoir considérable.

Ce qui me paraît aujourd'hui remarquable, ce sont les bons liens qui ont existé entre les diverses communautés de notre ville. L'existence même de la société ouverte qui était composée de diverses nations, ethnies et confessions était la base de la mosaïque de la société tunisienne. Ce sont les souvenirs de nos expériences qui nous animent. Ce sont les liens de famille ou de notre enfance qui nous réveillent. C'est bien le pays où nous sommes nés qui nous relie, car c'est là que se trouvent le début de l'enfance et la pureté de notre être.

S'il n'est pas possible de revivre sur son sol natal pour des raisons de famille, sociales ou autres, la terre qui nous a vus naître est aussi un héritage qui mérite d'être soigné. Même si nous vivons actuellement parmi d'autres sociétés, sous d'autres cieux, les souvenirs de notre enfance nous accompagnent. On ne peut effacer d'un coup d'éponge des siècles de vie harmonieuse et paisible, pour une raison ou une autre. Il faut pardonner à ceux qui avaient commis des erreurs envers nous. Il faut être honnête afin d'éviter de fausser les faits de notre histoire. Nous sommes nous-mêmes une part intégrale de cette histoire. Chacun a des membres de sa famille enterrés ici ou là. Mon père disait :

« En respectant les morts on respecte les vivants. » Il y a aussi un héritage physique et visible de tout ce que nos ancêtres nous ont laissé. Il serait bien de le mettre en valeur, ne serait-ce que pour nos enfants, nos petits-enfants et nos arrière-petits-enfants d'abord, ensuite pour les habitants de la ville et après pour les autres et pour l'histoire.

La vie humaine est trop précieuse pour la gaspiller. Chaque société peut assurer l'existence de chaque être humain, si elle sait développer ses ressources. Chaque pays peut créer le bien-être de son peuple, s'il ne perd pas de vue les besoins fondamentaux des pauvres, des malheureux et des infirmes. Ceux-ci ont besoin d'une aide pour vivre avec dignité et le respect de soi. Leur bien-être déterminera le nôtre dans tous les domaines. La richesse est bonne si ceux qui la possèdent savent l'utiliser sagement. Plus il y a de riches, plus le niveau de vie de tous s'élèvera. Il est de notre devoir d'aspirer à la richesse afin de garantir le minimum nécessaire à chaque être humain.

Mon père disait :

« Le Fqar Men Rabi Ouejoua' Ouel Oussakh Mechitan. » (La pauvreté est de Dieu et la faim et la saleté sont du Satan.)

Moi je préfère dire :

« Le Fqar Mesbeb Oueljoua' Ouel Oussakh Mel A'bed. » (La pauvreté dépend des circonstances mais la faim et la saleté dépendent de l'homme.)

Que chacun de nous revoie dans sa mémoire et dans ses souvenirs les exemples positifs de ses parents. Leur conduite est le meilleur exemple pour la nouvelle génération. Nous avons hérité des valeurs et des trésors cachés sous forme de tradition, de récits, d'expressions ou de proverbes. Il est très important, à notre tour, de les transmettre à notre descendance, bien que ces valeurs se trouvent constamment menacées par le volume d'information, qui plonge les nouvelles générations dans des tourbillons, dont seuls les plus forts et les mieux équipés pourront se sortir.

Ceux qui vivent dans leur pays d'origine et entourés de leur famille et de leurs compatriotes sont plus ou moins protégés des influences négatives. Du moins j'espère que ces jeunes sauront faire le tri et retenir ce qui est bon pour leur bien-être. Pas tout ce qui est ancien est bon et pas tout ce qui est nouveau est mauvais. La nouvelle génération a besoin de la stabilité pour pouvoir se développer et s'épanouir.

Je m'estime heureux d'avoir connu plusieurs siècles à la fois. J'ai vécu le dix-neuvième siècle, ou plutôt ses conditions avec mes arrière-grands-parents et mes grands-parents, le vingtième avec mes parents et à l'école. J'ai connu la vie parmi les Bédouins, parmi les Arabes, parmi les Juifs, parmi les Français, parmi les Allemands, parmi les Italiens, parmi les Anglais et parmi les Américains. J'ai appris leurs modes de vie, leurs langues et leurs cultures. Toutes ces expériences ont enrichi mon âme et ont élargi mes connaissances. Elles m'ont ouvert de nouveaux horizons. Ainsi j'ai appris à distinguer entre ce qui est bon et beau et ce qui ne l'est pas, ce qui est juste et ce qui est faux, ce qui est agréable et ce qui ne l'est pas, ce qui mérite mon attention et ce qui ne la mérite pas. Parmi ces peuples j'ai connu des gens riches et pauvres, généreux et mesquins et j'ai constaté qu'il y a de quoi apprendre de chaque peuple.

Aujourd'hui plus que jamais les êtres humains ont besoin les uns des autres. Nous vivons dans un monde où l'entente et la coopération entre les peuples deviennent les meilleurs outils pour la paix et la prospérité. Il est certain qu'on ne peut pas traduire exactement en français ce qui a été pensé en arabe, car chaque peuple pense dans sa langue et selon sa culture. Toute traduction n'est qu'un effort vers l'entente, qui ne peut réussir qu'avec la bonne volonté, la tolérance, le respect de la dignité de l'autre. La patience et la considération de l'un pour l'autre jouent un rôle déterminant pour l'entente et l'amitié.

J'ai trouvé que le beau et le doux, l'agréable

et le juste naissent de la même source. Cette source est en nous et elle est toujours à notre disposition. C'est à nous de la découvrir pour pouvoir puiser en elle à volonté.

Mon père disait :

« Ma Yà'ref el Kar oucan Eli A'ndou Lemhass. » (Ne connaît la valeur que celui qui a de la sensibilité.)

En effet, la sensibilité, le silence et la patience nous aident à trouver le chemin qui est en nous-mêmes.

## TABLE DES MATIÈRES

INTRODUCTION ............................................. 7

LE VOYAGE EN TUNISIE ...................... 13
  Prélude ..................................................... 15
  Le vol vers l'Espagne ............................ 20
  L'arrivée à Tunis .................................... 24
  Le jour de mon anniversaire ................ 49
  La beauté de Béja .................................. 95
  Le salut ................................................... 98
  Le retour à Tunis ................................. 111
  La surprise ........................................... 115
  La hafla (soirée tunisienne) ................ 120
  Promenade dans le passé lointain ..... 128
  L'excursion avant le retour ................ 130
  Le retour .............................................. 139
  Conclusion ........................................... 146
  Bladi ..................................................... 152
  Ma ville natale (traduction) ................ 154

SOUVENIRS DE MON ENFANCE...... 157
   Mon père................................................ 159
   La fleur de papa..................................... 163
   Le baptême des rues............................... 169
   Les mariages et les bains turcs.............. 172
   Le cotab (rebbi Hanayna)...................... 179
   Mon rabbin Israël................................... 182
   Rebbi Rahmin......................................... 185
   E'in Esemch............................................ 187
   Le pèlerinage de rebbi Fraji de Testour.. 191
      Introduction .................................... 191
      La légende....................................... 193
      Le pèlerinage .................................. 199
      La chanson de rebbi Fraji .............. 208

L'héritage................................................. 212

www.ingramcontent.com/pod-product-compliance
Lightning Source LLC
Chambersburg PA
CBHW052130010526
44113CB00034B/1411